Un enfant de la République

Raymond Forni

UN ENFANT DE LA RÉPUBLIQUE

Stock

I

L'image est encore sur ma rétine, précise, colorée : je ne suis pas dans la vieille maison à colombages que nous venons de quitter, je m'accroche au plateau d'une charrette à foin tirée par un cheval. Derrière moi, un amas de meubles, d'ustensiles de cuisine; des vêtements, du linge en ballots, des « souvenirs », photographies ou bibelots, qu'on ne saurait laisser derrière soi : l'éternel bric-à-brac des exilés. Je porte une pèlerine à capuche bleu marine, une pèlerine de la Croix-Rouge, et des galoches à semelles de bois. On est en 1944. J'ai trois ans.

La très modeste maison que mes parents étaient parvenus à acheter à Montreux-Château, un village à une quinzaine de kilomètres de Belfort, était toute proche d'une ligne de chemin de fer qui allait en Allemagne, et que les forces alliées avaient prise pour cible. Au village, on disait que les Américains avaient l'habitude de bombarder de très haut, sans grand souci de ce qu'on appellerait plus tard les « dégâts collatéraux ». D'ailleurs, les combats se rapprochaient. Il fallait trouver un abri. Exil, exode, c'était encore un départ. Celui-là nous mena à une douzaine de kilomètres, dans une cave baignant dans vingt centimètres d'eau. On s'y déplaçait sur un instable réseau de planches. Seuls étaient « hors d'eau » un tas de charbon et un tas de pommes de terre : pendant les semaines où nous sommes restés dans cette cave, j'ai couché sur les pommes de terre. Par la lucarne, on entrevoyait une plaine décolorée, de maigres bosquets, et j'ai encore dans l'oreille le bruit du canon et des obus qui tombaient à quelques centaines de mètres.

C'est mon tout premier souvenir. Mais tandis que je bringuebalais à l'arrière de la charrette à foin, je ne savais pas que nous abandonnions pour toujours la petite maison où, vaille que vaille, Alexis et Antoinette, mes parents, avaient construit leur foyer. Quand nous y sommes revenus, elle avait été presque entièrement détruite – et totalement pillée, saccagée : une armoire, je la revois, avait été éventrée à coups de hache. Ce ne fut sans doute pas le seul fait de soldats ennemis, mais également une razzia organisée sinon par des gens du village, du moins par des habitants des environs...

Était-ce parce que nous étions les « Italiens » ? Je ne sais pas. Mais ce qui est certain, c'est que pour ces immigrés qu'étaient mes parents, le choc fut terrible. Cette maison avait beau être des plus simples, elle était le signe tangible qu'ils étaient enfin « d'ici ». D'autant que, s'ils l'avaient effectivement payée, elle leur avait été proposée par une vieille femme dont ma mère s'était occupée, et qui avait souhaité qu'à sa mort ils en deviennent propriétaires : le geste valait reconnaissance de leur insertion dans le village. Et tout était à recommencer.

L'histoire avait en fait débuté à la fin du siècle précédent, quand Jean, mon grand-père paternel, avait quitté Nonio, une petite commune du nord de l'Italie, dans ce qu'on appelle « la région des Sept Lacs », pour venir s'installer en France. Au débouché du col du Simplon, juste après le lac Majeur, s'étend le lac d'Orta, surplombé par une assez haute montagne, le Mottarone. C'est un endroit délicieux qui, dans une région pourtant froide, jouit d'un agréable microclimat. Et je ne crois pas céder à une forme de nostalgie – ni à un pittoresque de carte postale – en disant quel charme ont cette lumière à la fois acide et méditerranéenne, ces ocre et ces verts patinés, le vieux monastère d'Isola San Giulio, au milieu du lac, ou les demeures séculaires d'Orta... La famille de mon père était donc originaire d'une commune montagnarde, Nonio, et celle de ma mère de Brolo, une *frazione* qui en dépendait.

En Italie, le Nord a été le premier à connaître une émigration significative. Les raisons en sont multiples : la pauvreté, bien sûr, comme dans nombre d'émigrations, mais aussi la fréquence des guerres frontalières puis le fascisme. À quoi s'ajoute sans doute un goût de l'ailleurs, et un certain esprit d'entreprise : à la différence de l'immigration plus tardive des Italiens du Sud, siciliens ou calabrais, qui vivaient chez eux une très grande pauvreté et qui ont formé – avant d'autres – la base d'une main-d'œuvre taillable et corvéable à merci, celle du Nord comptait déjà, au début du vingtième siècle, d'assez belles réussites. Pour ne parler que de la région de Belfort, nombre d'entreprises de bâtiment prospères ont pour fondateur un Piémontais.

Mon grand-père avait, lui, prit le chemin de l'exil en 1894. Pourquoi s'est-il retrouvé dans le Territoire de Belfort ? Sans doute parce que c'était, pour la France, la destination la plus logique : suivre cet axe sud-est, nord-ouest en traversant la Suisse et les Alpes devait être un chemin classique de l'immigration. Et sans doute devait-on choisir, pour s'installer, des lieux où d'autres Italiens avaient déjà pris pied, dont des courriers envoyés au village avaient parlé et qui, surtout, offraient des possibilités de travail. Un de nos lointains cousins – un Forni, lui aussi – s'était installé dans la même région, et j'ai le souvenir d'une famille Carenzi originaire du même lieu et arrivée près de Belfort vers la même époque.

En ces temps, une forme de tradition perpétuée lie des métiers et des régions ou des communautés. Les Savoyards sont ramoneurs. Et les Italiens du Nord, on le sait, maçons. Ou rétameurs. Je pense que cette structuration « naturelle » de l'immigration, ajustant l'offre d'un corps de métier et la demande de certaines régions, rendait, du moins jusqu'au début du vingtième siècle, moins difficile l'insertion des nouveaux venus : leur savoir-faire spécifique, que ne maîtrisaient pas les « nationaux », légitimait leur présence, leur donnait une place à l'utilité reconnue dans une société qui voyait ainsi pallier ses manques et combler ses besoins. Rétameur était le métier de mon grand-père, et il l'exerça avec ses fils Marius et Alfred, puis avec mon père, Alexis, dès que celui-ci eut onze ans.

Un métier dur, mais qui ne manquait pas d'imprévus. On partait sur les routes en poussant une charrette contenant une bonbonne d'acide, des barres d'étain et une forge. Comme les casseroles et les couverts étaient en fer, il fallait les « étamer » pour qu'ils ne rouillent pas. L'opération consistait en leur immersion dans un bain d'acide pour les nettoyer, puis dans un bain d'étain fondu au feu de la forge. Après quoi on fixait l'étain en plongeant l'ustensile dans l'eau. Mon grand-père et les gamins passaient ainsi de maison en maison. Le travail fait, on trinquait et parfois dînait tous ensemble, avant d'aller dormir dans la grange. Et comme on revenait à intervalles réguliers – l'étain cédait vite à l'usage –, des liens se créaient. J'ai pu le constater bien plus tard, lorsque mes premières campagnes électorales m'ont conduit dans de nombreux villages. Dès que je rencontrais un homme ou une femme d'un certain âge, ils m'accueillaient d'un « Ah ! vous êtes le petit-fils de Jean... » ou d'un : « Vous savez, on a bien connu Alexis ! Tenez, il a couché dans cette grange ! » Et j'ai pu constater que mon grand-père et mon père avaient effectivement sillonné tout le sud du Territoire de Belfort. Le sud, jusqu'à la frontière suisse, plus que le nord, car on respectait une sorte de répartition implicite des territoires : le nord, vers Rougemont, était le domaine d'action d'une autre branche de la famille, celle du cousin Forni...

Avec l'aluminium disparut le métier de rétameur. Mais la tradition de ce type de savoir-faire s'est maintenue dans la famille, passant, au rythme des évolutions techniques, de la ferblanterie à la fonction de plombier-zingueur puis de plombier-chauffagiste. Un artisanat familial plutôt qu'une entreprise : ni mon grand-père ni mon oncle n'ont jamais eu d'ouvriers. Pas plus qu'actuellement mon cousin. De tradition, on travaillait « de père en fils », et on continue.

Je ne sais trop si cela tient au caractère rural du Montreux-Château de mon enfance, ou aux modalités particulières d'insertion de ces immigrés italiens, ou encore aux graves difficultés qu'a très vite rencontrées ma propre famille, mais je n'ai pas le souvenir d'une « communauté italienne » structurée. À Montreux, il y avait plusieurs familles italiennes, mais nous n'avions de vagues relations qu'avec l'une d'entre elles, les Braghini. L'Italie, c'était donc pour moi, d'abord, mes grands-parents paternels. Une référence devenue avec le temps assez floue, il faut bien le dire.

Mon grand-père Jean était une sorte de colosse d'un mètre quatre-vingt-quinze, ce qui à l'époque était assez exceptionnel, portant moustaches, une casquette toujours rivée sur la tête. Il est mort à quatre-vingt-deux ans, en tombant d'un arbre où il cueillait des cerises. Quant à ma grand-mère, c'était une femme très sèche, très dure. Toujours coiffée d'un chignon à l'italienne, elle portait immuablement, sous un tablier noir, le costume traditionnel, c'est-à-dire une longue jupe sombre à ceinture froncée et un caraco de coton rêche, noir ou bleu nuit. Elle avait la réputation, semble-t-il justifiée, d'avoir « du caractère ». Autant dire un caractère exécrable.

L'un et l'autre parlaient français, Jean avec très peu d'accent, ma grand-mère émaillant davantage ses propos non d'italien mais d'expressions du dialecte piémontais. Les fréquents contacts de mon grand-père avec la campagne belfortaine lui avaient fait adopter les modes de vie de son nouveau pays plus rapidement que sa femme, et, quand il s'est agi de l'« établissement » de mon père, je soupçonne fort que c'est elle qui a organisé le mariage selon le modèle coutumier, c'est-à-dire au terme d'un accord entre les deux familles. Les futurs époux ne se connaissaient quasiment pas : Alexis ne revenait que rarement en Italie, où vivait Antoinette. Ma mère racontait, les dernières années de sa vie, avoir éprouvé une grande appréhension quand on lui a dit qu'elle allait épouser ce garçon de Nonio qu'elle n'avait vu qu'une ou deux fois. Mais elle était « placée » et un mariage, fût-il arrangé, était une manière d'acquérir une sorte d'autonomie, d'avoir un peu plus de pouvoir sur sa propre existence. L'idée de devoir partir en France l'effraya sans doute, mais les contours de cette aventure n'étaient quand même pas inconnus : d'autres avaient fait cette expérience, et elle savait qu'elle y retrouverait des compatriotes. En outre, elle parlait vaguement le français : très jeune, elle avait été employée dans une famille d'aristocrates italiens originaires d'Orta qui passaient régulièrement l'hiver à Monte-Carlo avec une importante domesticité. L'inconnu était, au moins, imaginable et il était possible de l'apprivoiser.

En fait, il semble qu'elle eut quelque mal à s'adapter à la France. Puis les enfants sont venus, et sa vie s'est faite. Le temps qu'a duré ce mariage, je ne crois pas qu'ils l'aient l'un et l'autre regretté : à leur manière, ils s'aimaient profondément. Pour ma mère, le pire vint avec les multiples drames qu'elle dut affronter seule.

Beaucoup plus que de ma famille paternelle, c'est de la famille de ma mère que je tiens ma mémoire italienne. Mon grand-père maternel avait pendant un temps travaillé comme maçon en Suisse, notamment sur le lac de Genève, mais il était revenu s'installer à Brolo. C'était un vieil homme chaleureux, à grandes moustaches grisonnantes, toujours vêtu d'un large pantalon de velours, et qui consacrait ses loisirs à la culture d'une petite vigne agrippée à un lopin de terre, à flanc de montagne. Ma grand-mère était morte avant que je naisse, et c'étaient mes oncles et mes tantes qui nous accueillaient lors de nos expéditions italiennes.

Lorsque je nais, en 1941, non seulement c'est la guerre mais, dans cette guerre, l'Italie de Mussolini est l'alliée de l'Allemagne hitlérienne. Fascistes et antifascistes s'opposent. Ces affrontements avaient-ils un écho dans nos familles d'immigrés ? Jouaient-ils un rôle dans le regard qu'on portait sur nous ? Je n'en ai aucun souvenir – mais je n'aurai que quatre ans à la Libération... J'avancerai seulement, et avec prudence, que ma famille paternelle me semble avoir été moins violemment antimussolinienne que celle de ma mère, où un de mes oncles dirigea la Résistance dans la région des lacs. Sans doute faut-il y voir une conséquence de l'éloignement, et d'une information plus que lacunaire : la dérive du régime mussolinien, surtout après son alliance avec l'Allemagne, est beaucoup plus sensible à la famille restée piémontaise qu'aux émigrés de Montreux-Château, qui, eux, gardent un vague souvenir idéalisé de réformes agraires populaires, même si on put ensuite les qualifier de populistes. Toutefois, mon père a participé à quelques opérations de la Résistance, modestement, en portant des messages. Conviction ou sens de la fraternité et du compagnonnage ? J'opterai plus volontiers pour la seconde hypothèse : je n'ai pas le sentiment qu'il y ait eu dans ma famille, ni pendant la guerre ni dans l'immédiat après-guerre, une réelle culture politique. On s'en tenait éloigné, conscient de n'avoir aucun droit. Ni celui de s'exprimer, de peur de susciter l'hostilité, ni celui de participer parce que la loi ne le permettait pas.

À Montreux-Château, après leur mariage dans les années trente, Alexis et Antoinette vivent la vie des ouvriers de l'époque. Lui entre comme ferblantier dans une entreprise de Belfort, Gruss Frères, qu'il n'a pas quittée jusqu'à sa mort prématurée. Une maison à l'ancienne, avec, pour patrons, de braves gens qui ont soutenu ma mère lors de la disparition de son mari. Il en fait tous les chantiers. Un métier périlleux : on travaille toujours à l'extérieur, et le plus souvent sur les toits, par tous les temps. Il faillit bien, me raconta-t-il, faire une chute d'une trentaine de mètres, le jour où il glissa du toit de l'église Saint-Joseph. Seule l'arrêta dans sa glissade la largeur des chéneaux.

Deux enfants naissent, Jean en 1933, Rosette en 1935. Puis moi, en 1941. On me baptise Raymond, du nom d'un oncle mort à l'âge de quatre ans sous les roues d'une charrette à foin – les charrettes à foin doivent occuper une place singulière dans mon inconscient ! –, ce qui me vaut, quand je vais au cimetière, une assez curieuse sensation à voir, inscrit sur une pierre tombale, « Raymond Forni »... Mais après tout, il est vrai que j'ai eu, d'une certaine manière, plusieurs vies. À ma naissance, ma mère a déjà trente-huit ans, mon frère aîné a huit ans de plus que moi, et ma sœur six : je suis à bien des titres « le petit dernier ». Un salaire d'ouvrier, trois enfants :

ma mère va à domicile faire des lessives, pour apporter un complément aux revenus familiaux. Hisser les lessiveuses sur les fourneaux, manier les draps alourdis d'eau savonneuse, battre le linge sur l'évier ou au rebord du lavoir, on a bien oublié combien tout cela était épuisant. Moi, qui l'accompagne lors de ces travaux, je n'ai que le souvenir de mes jeux avec les rigoles de mousse étrangement striées de l'indigo distillé par ces « boules de bleu » qu'on mettait alors dans l'eau du lavage pour blanchir le linge... Pour autant, le vrai malheur, la vraie misère était encore à venir.

Et puis, quoique nous soyons très intégrés – mon père avait évidemment été scolarisé en français, et ne parlait quasiment pas italien – chez nous, cela chantait encore l'Italie. Cela tenait à quelques détails, surtout culinaires, les pâtes, bien sûr, et le risotto. Les sauces épicées aussi, la chicorée amère, que personne ne mangeait alors en France – je souris de voir la salade roquette-parmesan devenue un plat sophistiqué dans les restaurants à la mode –, et le salami, quand passait, avec sa petite camionnette, le vendeur qui approvisionnait en produits typiquement italiens la petite communauté immigrée. J'ai aussi le souvenir d'avoir toujours vu ma mère coiffée du lourd chignon tressé, si italien. Jamais de sa vie, même quand elle l'aurait pu, elle n'est allée chez un coiffeur : elle lavait elle-même sa longue chevelure, la nattait et fixait son chignon avec de longues épingles incurvées de métal sombre et mat qui, posées sur la table, ressemblaient à de grands insectes décapités.

Mais le moment inoubliable, c'était quand nous nous embarquions, une fois l'an aux moments les plus fastes, le plus souvent une fois tous les deux ans, pour le lac d'Orta. C'était une véritable expédition que ce départ à cinq – surtout juste après la guerre, alors que les relations franco-italiennes n'étaient pas encore vraiment normalisées. On partait non seulement avec les lourdes valises nécessaires pour un séjour d'un mois, du moins pour ma mère et nous, les enfants – il fallait rentabiliser ce long et coûteux voyage –, mais chargés de paquets de café et de sucre, qui, disait-on, manquaient là-bas. Et l'on en revenait avec des pâtes, de la *pancetta*, une sorte de jambon de montagne, et un peu de chocolat, que nous valait la proximité de la Suisse. Quand on arrivait à la frontière, ma mère me disait : « Tu fais semblant de dormir, comme ça, le douanier n'ira pas voir ce qu'il y a en dessous. » Alors je serrais bien fort les paupières, recroquevillé sur la banquette en bois, la tête calée contre un sac ne contenant guère que trois cents grammes de café à l'aller, ou de riz au retour. Mais nous étions réellement morts de peur quand s'annonçait la douane, convaincus d'être des contrebandiers de grande envergure, et passibles des plus terribles sanctions.

Aller de Montreux à Brolo n'était pas une mince affaire, en ces temps de voyages difficiles. Les trains qui allaient en direction de la Suisse puis de l'Italie partaient de Delle, à vingt kilomètres de chez nous. Nous devions nous y faire conduire par un voisin complaisant, changer deux ou trois fois de train, puis, à Pallanza, prendre un car aux horaires erratiques : une odyssée. Mais dès le Tessin, la lumière changeait, on voyait apparaître les *piove*, en fait, des lauzes, ces larges pierres plates et schisteuses qui recouvrent les toits. Puis surgissait « notre » lac, au milieu d'un moutonnement de châtaigniers et de chênes-lièges.

Nous allions toujours dans la famille de ma mère, à Brolo, bien qu'un frère de mon père habitât encore, à Nonio, la vieille maison familiale. C'était une superbe bâtisse du seizième siècle mais elle était si délabrée que, bien plus tard, quand j'en ai hérité, je n'ai pas pu envisager de la faire restaurer : les travaux à entreprendre étaient gigantesques. Je suppose que nous allions à Brolo parce que c'est là que vivait la majeure partie de la famille qui n'avait pas quitté l'Italie. Le village était semblable à bien d'autres dans ces régions : des maisons accrochées au flanc de la montagne, des rues si pentues que peu de voitures s'y aventuraient. Au sommet, l'église, et une grande maison de maître plutôt qu'un château, qui appartenait à un comte dont j'ai oublié le nom... Ce qui me reste parfaitement en mémoire, en revanche, c'est l'odeur de pierre de la maison, mêlée à celle du bois ciré – et le parfum des raisins que mon grand-père faisait sécher par grappes en haut des grandes armoires : j'étais prêt à toutes les acrobaties pour aller picorer ces grains de fruit confits qui valaient pour moi tous les bonbons. Avec mon grand-père vivait une de mes tantes, une femme remarquable qui m'impressionnait beaucoup par ce que je pressentais de son intelligence, et aussi parce qu'elle était pour moi l'image même de la passion, sublime et douloureuse : elle avait eu, chuchotait-on, un très grand chagrin d'amour et avait tenté de se suicider en se tailladant la gorge. Le couteau avait atteint ses cordes vocales, et elle parlait dans un souffle, ce qui en faisait à mes yeux un personnage à la fois tragique et mystérieux. Cette figure de mon enfance ne doit pas être pour rien dans le goût que j'eus très vite d'aventures amoureuses qu'assez naïvement j'imaginais pleines de péril et de romanesque.

Brolo – et la ville d'Omegna, très proche – ne manquait pas de personnages pittoresques et plutôt inventifs. C'est là qu'est née la fameuse « cafetière italienne », cet engin de métal à faces biseautées qui a succédé à la traditionnelle « chaussette ». Son inventeur, Bialetti, escaladait à vélo les routes de montagne, tirant une carriole où s'entassaient différents éléments de la merveilleuse cafetière qu'il faisait ici dégrossir, là abraser, là encore polir. Cette sous-traitance extrêmement artisanale lui avait permis d'obtenir des prix de revient défiant toute concurrence et de se tailler une place de choix sur le marché. Je l'ai vu passer de la cabane de bois à l'atelier en tôle, puis à l'usine ultramoderne. Et, simultanément, de la bicyclette grinçante à la Ferrari puis à la Rolls. Avec, dans tous les cas, un « aménagement » de la carrosserie qui lui permettait d'entrer dans sa voiture et de la conduire sans ôter son chapeau – ce qui devait lui paraître le comble d'une respectabilité qu'il n'entendait permettre à quiconque de contester.

Là-bas, juste après les embrassades et les échanges de nouvelles – les vacances étaient l'occasion de revoir une cousine installée en Angleterre, un oncle parti vivre aux États-Unis –, chacun retrouvait « son » monde. Mon père allait au *circolo*, une coopérative ouvrière dans laquelle on discutait « entre hommes » en buvant le vin de la *cantina*. Ma mère bavardait sans fin avec nos nombreuses tantes et cousines, et nous, les enfants, passions nos journées avec les gamins du village, réglant nos graves affaires de jeu dans ce dialecte piémontais qu'il nous fallait bien peu de temps pour retrouver. C'étaient des moments d'incroyable liberté, où mon père oubliait les toits battus par la bise et la pluie, ma mère, les lessives harassantes et moi, les centaines de lignes – « Je ne mâcherai pas mon chewing-gum comme un ruminant, Tu ne mâcheras pas... » – que m'infligeait régulièrement l'instituteur, M. Henri.

Vaille que vaille, nous avons réussi à maintenir ces voyages italiens jusqu'à la mort de mon père. Après, ce fut financièrement impossible pendant de longues années, et ma mère n'en vécut que plus douloureusement son veuvage et son immense solitude de femme démunie.

Dans ces années d'enfance, ai-je vraiment souffert d'un racisme anti-italien ? Il est vrai que je m'entendais parfois traiter de « macaroni », ou de « rital » par mes camarades d'école, mais ils ne faisaient jamais que répéter ce qu'ils entendaient chez eux où, déjà, on disait que les maçons italiens, très requis en cette période de reconstruction, venaient « manger le pain des Français ». Ce qui d'ailleurs n'empêchait pas ces mêmes Français « de pure souche » de les solliciter d'abord, parce que leur savoir-faire était reconnu. Pour autant que je puisse me remémorer mes réactions de l'époque à ces lazzis, j'y lisais surtout la volonté de me signifier que j'étais différent, appartenant à une catégorie de population tolérée mais pas réellement légitime sur le sol national. Mais j'étais blond aux yeux bleus, je parlais évidemment le même français que mes jeunes camarades, et je ne ressentais pas ces apostrophes comme violemment agressives, ce qu'elles n'étaient d'ailleurs pas. Elles ne le sont devenues que plus tard, un peu au lycée, et bien davantage quand j'ai commencé une carrière publique. Ce qui prouve, s'il en était besoin, que le racisme est loin d'être naturel aux jeunes enfants, mais qu'il est la conséquence d'une éducation ou d'une imprégnation. Et qu'il sévit d'abord chez ceux qui se sentent si peu assurés de leur valeur qu'ils n'ont, pour s'en convaincre eux-mêmes, que la revendication d'une couleur de peau ou d'une appartenance nationale qui n'ont pas grand-chose à voir avec un quelconque mérite personnel. Tout cela serait dérisoire si les conséquences n'en étaient, au passé et au présent, si dramatiques.

En revanche, ce que j'ai senti monter très insidieusement, sans être capable de le formuler, c'est la lente marginalisation de notre famille. Et bien avant que la mort de mon père ne nous précipite dans la vraie misère. Avec ses huit cents habitants, Montreux-Château était à l'époque un village comme on en voit beaucoup, étiré au long de la grand-route, et habité pour partie d'ouvriers qui travaillaient à Belfort et ses environs, pour partie d'une population paysanne aux revenus modestes, et de quelques bourgeois ou notables – médecin, pharmacien ou « cadres » des entreprises environnantes.

L'immigration, qui est devenue un débat récurrent dans les sociétés actuelles, on en parlait à peine. Une frange d'immigrés apportait ce dont le pays avait besoin à un moment donné, mais son utilité reconnue n'empêchait pas une série de processus plus ou moins implicites de se mettre en place pour la maintenir à un niveau social inférieur, voire précaire. On pouvait certes citer des réussites notoires : dans ma rue habitait un entrepreneur italien, Liborio, dont l'aîné des fils avait mon âge. Nous revenions ensemble de l'école, mais quand il s'arrêtait, lui, devant sa maison – qui était superbe –, jamais il ne m'aurait suggéré d'y entrer : c'est tout juste si, de temps en temps, Mme Liborio me faisait signe et, sur le seuil de sa cuisine, me donnait, pour mon goûter, une tartine beurrée saupoudrée de cacao. Ces succès masquaient cependant le lot commun. Être immigré signifiait, plus encore qu'être pauvre, comme on l'était le plus souvent, vivre dans une situation à la fois menacée et surtout sans recours dès qu'un malheur venait rompre un équilibre instable, selon un mécanisme qui anticipait celui de l'exclusion maintenant à l'œuvre dans notre société.

En l'occurrence, ce malheur fut sans doute pour nous le saccage et la destruction de cette maison qu'il nous avait fallu quitter sous les bombardements américains. Quelque chose a basculé à ce moment-là, de manière irréversible. Ce ne fut pas immédiatement sensible : le salaire de mon père était extrêmement modeste, mais il nous permettait de vivre. Pourtant, une cassure s'était produite. Il avait fallu à mes parents des années d'économies acharnées pour y parvenir, mais enfin ils avaient « leur » maison. Et puis d'un coup, ces pages laborieusement écrites sur le livre de leur vie avaient été brutalement arrachées, non seulement par des combats aveugles, des bombes tombées de six mille mètres, mais aussi par une malveillance plus proche, peut-être quotidiennement rencontrée et insoupçonnée. Le sentiment profond qu'ils avaient eu d'être de ce pays, on le niait, par cette violence destructrice.

Et par une autre violence aussi, plus feutrée, plus abstraite, et d'autant plus difficile à affronter qu'elle se cachait derrière l'anonymat des décisions administratives : alors que nos voisins avaient été indemnisés pour les dommages de guerre subis, il nous fut impossible d'obtenir la moindre réparation pour la destruction de notre maison. Italiens vivant en France, notre sort était également indifférent aux autorités françaises et italiennes : pour les premières, nous n'étions pas français ; pour les secondes, nous n'étions plus italiens. Comment trouver la force de reconstruire lorsqu'on vous signifie ainsi que vous êtes en marge, dans une sorte de non-lieu d'identité, d'appartenance ? J'ai le souvenir des épuisantes démarches qui furent tentées, en vain, auprès d'un organisme dont le nom reste gravé dans ma mémoire, le MRU – le ministère de la Reconstruction et de l'Urbanisme. Trente ans plus tard, alors que j'avais été élu député, ma mère m'en parlait encore, avec un ton de reproche implicite, comme d'un irréparable forfait des pouvoirs publics. Et de fait, je crois profondément que le choc psychologique fut encore plus dévastateur, pour mes parents, que la perte de tous leurs pauvres biens. D'autant qu'ils n'étaient plus de très jeunes gens : Alexis approchait de la cinquantaine, Antoinette avait quarante ans.

Cette marginalisation, cette négation même, se sont manifestées de la manière le plus clairement symbolique qui soit : nous n'avons trouvé à louer que ce qu'on appelait « la maison du cimetière », parce qu'elle était la dernière du village, déjà plus tout à fait chez les vivants, au bout de la route qui conduisait au cimetière communal... Elle avait été une ferme, mais la pluie et le vent l'avaient en partie détruite et c'était devenu une masure. Au rez-de-chaussée, il y avait une minuscule pièce qui faisait office de cuisine sans l'être vraiment et, attenante, une autre, un cagibi – dont le plancher était en partie effondré – c'est là que couchait ma sœur Rosette. Au premier étage, une pièce unique avec deux lits, l'un pour mes parents, l'autre pour mon frère Jean et moi. Pas de sanitaires à l'intérieur, bien sûr – et on se lavait à tour de rôle dans une bassine.

Ce ne fut pourtant pas encore, dans ces années qui vont de 1945 à 1951, date de l'accident de mon père, la plus sombre misère : Alexis travaillait encore et nous avions au moins de quoi vivre – au sens premier du mot. Mais les catastrophes s'accumulaient : mon frère Jean avait été victime d'une hydrocution lors d'une baignade, il avait été ranimé très difficilement et avait dû être trépané. Conséquences physiologiques ou psychologiques – ou les deux à la fois –, ce garçon jusqu'alors ouvert, intelligent, était devenu quasiment caractériel, puis gravement dépressif.

Comment mes huit ou dix ans ressentaient-ils cet assombrissement progressif de notre vie, et la marginalisation qui en découlait ? Sans, bien sûr, en percevoir les facteurs sociologiques : à l'époque, je ne crois pas me voir vraiment pour ce que je suis, un « petit pauvre ». Cette conscience-là me viendra, et avec quelle violence, au lycée, quand je constaterai que ma mère ne peut pas me donner les vingt centimes du petit pain au lait que tous mes camarades achètent le matin. Mais je sens bien que, passé la bruyante et superficielle fraternité de la cour de récréation, je n'ai pas d'amis. Il y a cette relégation au bout du village. Et sans doute ne suis-je pas non plus tout à fait vêtu comme les autres. Ce ne sont pas encore les vêtements distribués par le Secours populaire, mais l'achat d'une veste, d'un pantalon est un événement rare qui doit être minutieusement programmé. C'était d'ailleurs l'objet d'un rituel : une fois tous les deux ans, voire trois, juste avant le dimanche de Pâques, nous allions dans un magasin de Belfort – le seul qui, à l'époque, proposait « des conditions » – acheter un unique costume que ma mère payait « à tempérament », comme on disait, les douze ou vingt-quatre mois suivants. Inutile de dire qu'elle s'acquittait scrupuleusement de cette dette : devoir demander un crédit lui était déjà une humiliation. Et, à la messe de Pâques, j'arborais le costume neuf. Je me souviens d'une photo où je porte un pantalon de golf de tweed brun – plutôt chic d'allure d'ailleurs, encore que la photo ne dise rien de la qualité du tissu... – et une veste un peu trop étroite. Je suppose qu'il fallait que la veste « fasse » deux ans. Ou que je portais un costume de mon frère Jean, méticuleusement conservé. Là encore, ce ne fut réellement pénible qu'au lycée, où j'ai connu la honte d'arriver en culottes courtes alors que mes condisciples, fils de notables de Belfort, exhibaient avec nonchalance flanelle grise et blazers marine...

L'école était le seul endroit qui ressemblait un peu pour moi à une communauté. M. Henri, l'instituteur, était un prototype du « maître » de cette époque : sévère et efficace. Il se vantait de n'avoir jamais aucun échec au certificat d'études, mais il faut dire qu'il n'y présentait que les élèves dont le succès était quasiment assuré. Les punitions tombaient dru, et j'en écopais pas mal. Cela allait des classiques « Conjuguez le verbe *ne pas parler en classe* à tous les temps de l'indicatif » à des injonctions plus perverses : rester debout derrière le tableau, ou même à genoux sur une règle, avec un sac à dos contenant deux poids de cinq kilos ; ou bien passer une demi-heure « encagé » sous son bureau aux trois quarts fermé. Aucun des parents n'aurait eu l'idée de protester. Les miens pas plus que les autres : si j'avais été puni, c'était nécessairement que je l'avais mérité. En revanche, ils ne surenchérissaient pas : je n'ai pas le souvenir d'une correction de mon père. Quant à ma mère, elle distribuait de temps à autre une taloche ici ou là, mais cela relevait plutôt de l'expression symbolique de son mécontentement que du châtiment corporel.

Hors de l'école, j'étais un enfant solitaire. À la sortie, nous étions encore en bande, mais au fil de la grand-rue, chacun obliquait ou poussait la grille d'une maison, simple ou cossue – mais dont aucune ne ressemblait à « la maison du cimetière », vers laquelle je continuais seul mon chemin... Ma différence d'âge avec Jean et Rosette n'en faisait pas des compagnons de jeu. L'un et l'autre fréquentaient une école professionnelle, Jean pour devenir plombier, suivant en cela la tradition familiale, Rosette pour préparer un CAP de couturière. Bien plus tard, j'ai mesuré que, si l'un d'eux s'était engagé dans des études secondaires, ma vie en aurait été changée : même avec l'aide de bourses, il était impensable, au regard des moyens de la famille, que deux enfants entreprennent des études prolongées. Il fallut déjà d'assez étonnants concours de circonstances pour que j'y parvienne. Mais acquérir un métier manuel était dans l'horizon logique de mes parents : « savoir faire quelque chose de ses mains » était – à juste titre – considéré comme une valeur.

Mes jeux étaient ceux d'un enfant de la campagne : me promener avec le chien de mon père, qui était chasseur; apprendre les subtilités de la cueillette des champignons, où il excellait; ramasser le bois pour l'hiver dans les « coupes » où l'on avait acheté le droit de récupérer ce que les bûcherons n'avaient pas mis en stères; s'occuper des quelques animaux que nous avions, des lapins, des poules, et même des chèvres. Tout de suite après notre maison commençaient les champs, et là coulait « ma » rivière, la Saint-Nicolas. Aux temps chauds, on se baignait à un endroit qu'on appelait – qu'on appelle toujours – la Sauce, j'ignore pourquoi. L'été, on glanait les épis laissés par la moissonneuse. En automne, on ramassait les pommes de terre oubliées au revers des sillons. C'étaient des occupations simples, et je les ai aimées.

Les soirées devaient être assez mornes dans la maison délabrée. On ne nous invitait pas sauf, de temps à autre, la famille du facteur – celui qui assure le lien avec les autres –, les Garessus, pour écouter la « Famille Duraton » à la radio : nous ne pouvions nous permettre ce luxe et je n'ai pas eu de poste de radio avant mon mariage...

Mais les moments de convivialité familiale étaient rares : mon frère et ma sœur étaient des adolescents quand j'étais encore un enfant ; ma mère travaillait sans cesse ; mon père commençait à s'enfermer dans un mutisme inquiet. J'étais entré dans une grande solitude, que je ne percevais encore qu'à demi, et que l'avenir immédiat allait rendre plus aiguë.

Au cœur de ce sentiment encore diffus d'isolement, dont je recueillais les signes plus que je ne les analysais, il y avait la maison. Ou plutôt les maisons. « Notre » maison à colombages que mes yeux de trois ans avaient vu disparaître pour toujours lors de l'exode de 1944. La belle maison des Liborio, dont je n'avais jamais entrevu qu'un coin de cuisine. Et puis, jour après jour, nuit après nuit, la désespérante maison du cimetière.

C'est d'elle que me vint, un peu plus tard, la conscience réelle de ma « différence ». J'étais en sixième au lycée de Belfort, et j'y mimais sans trop de difficultés la vie sans problèmes de mes condisciples. On devait bien voir que ma garde-robe était limitée et mes fournitures scolaires réduites au minimum indispensable, mais j'étais un élève plutôt brillant et un compagnon de bon aloi. Certes, on ne me rencontrait quasiment jamais aux fêtes de Belfort, mais cela tenait sans doute au fait que j'habitais assez loin. Au regard des autres, et surtout au mien, rien ne m'excluait radicalement de la petite collectivité lycéenne... C'est alors que vint à trois de mes camarades l'idée, certainement très amicale, d'enfourcher leurs bicyclettes pour me faire la « surprise » d'une visite impromptue. Tant d'années après, et quel qu'ait été mon itinéraire personnel, j'en garde aussi brûlant le souvenir. Ils étaient tous les trois là, devant ma porte. Ils *voyaient*. Où j'habitais. Ce qu'était ma vie quotidienne.

Je ne les ai pas fait entrer. J'ai dû les évincer au plus vite sous un prétexte quelconque. Mais cette humiliation, cette honte, revivait chaque fois que je les rencontrais au lycée, où je faisais tout pour les éviter. C'était un sentiment d'autant plus insupportable que je savais leur venue dénuée de toute arrière-pensée malveillante, de toute inquisition. N'empêche, je leur en voulais. Et je m'en voulais de leur en vouloir. Il était au-dessus de mes forces d'avoir avec eux une explication, pourtant simple : oui, nous étions pauvres, très pauvres, et alors ? Seulement, leur parler de « ça », c'était raviver le souvenir du cauchemar. Et surtout devoir me justifier de la honte que j'avais ressentie.

Je ne suis pas loin de penser que certaines de mes acquisitions ultérieures, en matière de maison, ont beaucoup à voir avec ces désastres de ma petite enfance, puis de ma prime jeunesse. Dans les années soixante-dix, Marius Liborio est mort, laissant à ses enfants une affaire qui, de prospère qu'elle avait été, commençait à connaître quelques difficultés. À cette époque, j'étais jeune avocat, et j'avais acquis une très relative aisance. C'est alors que j'appris que l'entreprise de bâtiment était menacée, au point que la maison de Montreux-Château était mise aux enchères. Ce fut irrésistible : je l'ai rachetée. Je me revois visitant cette vaste demeure dont je ne connaissais, et encore, que le seuil. En déambulant dans les pièces, je m'accusais de la jubilation que j'éprouvais : c'était sur un malheur que se fondait le plaisir qui était le mien. Mais comment nier que je pensais aussi : « Il ne suffit pas d'avoir tout au départ... » Si « revanche » il y avait, ce n'était pas envers des personnes – j'ai gardé des relations chaleureuses avec les fils de cette famille – mais envers l'adhésion facile à un lieu commun, celui d'un déterminisme sociologique irrévocable. Mon engagement politique procède du même refus, et on conviendra qu'il ne s'agit pas, de ma part, d'incantations abstraites et bien-pensantes : je sais de quoi je parle.

Faut-il lire dans ce souvenir l'indice d'un attachement démesuré aux biens matériels, voire à la propriété ? Franchement, je crois qu'il s'agit d'autre chose encore, même si j'admets volontiers ne pas y être indifférent, et moins que d'autres peut-être pour qui entrer dans une maison que l'on aime, où l'on se sent bien, qui satisfait un certain sens de l'esthétique, va de soi, de toute éternité. Pour moi, on l'aura compris, ce n'est pas seulement du lieu en lui-même que je suis heureux et – pourquoi ne pas le dire ? – plutôt fier. C'est du chemin qui m'y a conduit. Mais un chemin que je n'ai pas parcouru pour moi seul – sinon, je n'aurais pas choisi la politique. Et que je ne raconte pas non plus pour simplement m'en prévaloir. Mon propos est seulement de dire que, lorsque l'avenir semble irrémédiablement bouché, quelque chose peut survenir, apparemment même un surcroît de malheur, d'où surgira une autre vie. À condition d'être prêt à l'accueillir.

J'en suis, mais avec tant d'autres, le vivant exemple : la France est une terre d'accueil, faite d'intégrations successives, et des étrangers, par millions, ont contribué à faire vivre et prospérer la République. Notre pays s'est construit par ceux qu'il a vu naître mais aussi par ceux qui l'ont choisi. La France d'aujourd'hui ne peut être que la leur, et celle de leurs enfants.

Intégrer, c'est d'abord comprendre la différence de l'autre. L'apprécier pour ce qu'elle est et valoriser la richesse qu'elle constitue. La reconnaître au lieu de nier l'importance de son apport pour notre propre identité. Mais si l'intégration n'est évidemment pas l'effacement des identités, elle n'est pas non plus l'apologie excessive d'une culture de la différence : on aurait l'illusion d'intégrer alors qu'en enfermant les individus dans leurs particularismes, on constituerait de nouveaux ghettos. Toute politique d'intégration respectueuse et tolérante doit se garder de deux erreurs : prétendre arracher un étranger à ses origines pour le couler dans un moule – aucun homme ne doit être contraint de vivre dans la négation de ce qu'il est, de ce que ses parents ont eu la fierté d'être – mais également laisser croire que la différence permet de déroger aux règles et d'exiger des droits spécifiques. L'intégration républicaine procède d'une double exigence : si la République doit garantir l'égal accès de tous les citoyens aux droits qu'elle leur donne, les étrangers, eux, doivent respecter les principes et les valeurs qui la définissent. C'est le prix mais, aussi et surtout, la condition d'une véritable intégration.

La situation actuelle des populations issues de la dernière vague d'immigration, et les problèmes qu'elles rencontrent, ne sont guère comparables à ceux qu'ont connus leurs prédécesseurs. Certes, le processus d'intégration est à l'œuvre : les pratiques sociales et culturelles, le niveau d'étude, les conditions de vie des jeunes Français de la « seconde génération » de cette immigration tendent à se confondre aujourd'hui avec celles de leurs compatriotes. Toutefois, une difficulté majeure demeure, qu'il serait absurde de méconnaître : pour beaucoup, la « différence » des populations issues de cette dernière vague d'immigration continue et continuera de se lire à la couleur de leur peau. Cette visibilité tend, malheureusement, à faire perdurer le rejet de l'autre et la peur de « l'étranger ». Et l'intégration républicaine reste menacée par la discrimination, la xénophobie, le racisme.

L'évolution de la société, pendant les trente dernières années, a été plus rapide que celle de la pensée permettant de la comprendre – et quand la raison est défaillante, ce sont les passions et les fantasmes qui prennent le relais. En matière d'immigration, ce décalage, mal maîtrisé, a conduit les hommes et les femmes aux affaires à réagir aux événements plutôt qu'à les précéder, quand une certaine réticence ne les a pas menés au refus d'évoquer et de traiter le sujet. Car la montée du Front national, puis la légitime condamnation de ses propos de haine, ont contribué à frapper d'une sorte d'interdit le discours objectif sur cette réalité essentielle pour l'avenir de notre société.

Au cours d'un entretien très riche avec Malek Boutih, président de SOS-Racisme, j'ai compris la nécessité de dépassionner ce débat, de l'affronter sans faux-fuyant. Je partage avec lui la conviction que l'heure n'est plus à une politique d'adaptation à cette réalité, mais à une véritable politique de projet. Il n'est en rien scandaleux, et c'est même un devoir pour les responsables politiques, que de réfléchir aux questions identitaires, de reconnaître les problèmes pour tenter d'y apporter des réponses. Pas plus qu'il n'est scandaleux d'aborder le grave sujet de la violence et de l'insécurité, et leur lien avec la discrimination raciale et l'exclusion sociale. Dans ce domaine, il faut avoir le courage de dire tout autant que la volonté de faire. À condition d'affirmer, comme préalable, que la tradition d'intégration et le principe d'égalité ont encore un sens dans notre pays.

Le remède à ces maux ne réside pas, à mes yeux, dans la reconnaissance de minorités ou l'établissement de quotas – pour l'accès à l'emploi, au logement, à l'université. Ce principe conduirait inévitablement au communautarisme, un modèle qui n'appartient pas aux traditions de notre pays, pas plus qu'il ne doit constituer un projet pour notre société. C'est au contraire par un retour aux valeurs républicaines que l'intégration continuera de se réaliser dans les cités et les quartiers, avec ceux qui la vivent, la réclament et, finalement, la rendent possible.

Dans le pays des droits de l'homme, aucune communauté ne peut vivre dans l'indifférence des autres : c'est le fondement et la condition d'une attitude républicaine. Encore faut-il que la République marque son désir d'unité. Le droit de vote des résidents étrangers non communautaires est une vieille promesse de la gauche, énoncée par François Mitterrand en 1981. Vingt ans plus tard, le temps n'est plus à la réflexion mais à l'action : cette mesure constituera un véritable outil d'intégration et le moyen d'une efficace démocratie locale. Aujourd'hui, il existe deux discriminations au sein des populations issues de l'immigration. L'une est générationnelle : les enfants, nés sur le sol français, pourront voter aux élections municipales, quand leurs parents qui vivent en France depuis vingt ou trente ans, n'ont pas voix au chapitre. L'autre marque une différence de droits entre les étrangers : les ressortissants de l'Union européenne peuvent voter quand les autres ne le peuvent pas. La République, ce n'est pas deux catégories de citoyens ni deux catégories d'étrangers.

Aujourd'hui, 55 % des Français se déclarent favorables à cette évolution. De l'amélioration de la situation économique au déclin électoral de l'extrême droite, tout concourt à une telle avancée, qui apparaît plus comme un facteur de progrès que comme un élément de clivage. Jamais ce ne fut autant l'heure de la République. Pas une « République-musée », mais une République vivante, dynamique. Une République joyeusement métissée.

II

Ce matin-là aurait dû être comme tant d'autres. Souvent, avec mon père, nous allions aux champignons, et j'aimais particulièrement ces moments. On partait très tôt – à cinq ou six heures du matin. On ne parlait guère, mais c'était un bonheur que de marcher ainsi à deux, de laisser nos traces parallèles dans l'herbe pleine de rosée, de se signaler du doigt, d'un mouvement de tête, les « bons endroits », de trancher le champignon au pied, bien à ras du sol pour préserver la « repousse », de le poser délicatement dans le panier, en prenant garde de ne pas le briser. Selon les saisons, nous parcourions les bois ou les pâtures.

C'était alors l'époque des mousserons de la Saint-Georges, que nous appelions les « roses ». Donc des pâtures. Comme des dizaines de fois, nous avions enjambé les barbelés et avancé, à un ou deux mètres l'un de l'autre, guettant ces taches d'un vert plus sombre qui signalent les « ronds de sorcière » formés, en poussant, par les mousserons. Les bêtes paissaient, en apparence paisibles. Soudain, une jeune génisse, à une vingtaine de mètres de nous, a chargé droit sur moi. J'étais figé sur place, regardant l'animal foncer : cela paraissait presque un jeu. La bête se rapprochait et je ne bougeais toujours pas. Alors mon père s'est jeté devant moi, il a fait de grands gestes mais la génisse ne s'est pas arrêtée. Elle l'a renversé et longuement piétiné, comme un jeune taureau furieux, avant de se détourner. J'ai tant bien que mal tiré mon père jusqu'au-delà de la clôture, et j'ai couru à la maison chercher du secours.

Mon père m'avait sauvé la vie, et allait y perdre la sienne. C'était aussi simple que cela.

Il avait les jambes brisées, le thorax enfoncé et un grave traumatisme crânien mais il n'est pas mort sur le coup. Seulement quelques mois plus tard, quatre ou cinq. Après l'accident, il est resté à l'hôpital pendant une assez longue période, puis il est revenu à la maison. Mais il avait pratiquement perdu la raison, même si ce terme, encore aujourd'hui, n'a pas grand sens pour moi : c'était mon père, et dans ce cas on se refuse toujours aux évidences. Toutefois le fait qu'il ait été alors hospitalisé à Rouffach, un « asile d'aliénés », comme on disait à l'époque, indique qu'il avait sans doute des séquelles neurologiques très sérieuses. A-t-il tenté de s'en évader, ou peut-être de se suicider? Toujours est-il qu'il a sauté au travers d'une fenêtre et qu'il s'est atrocement tailladé le cou. Je me souviens en avoir vu les stigmates quand il est revenu à la maison pour mourir. Ce fut pour nous tous, mais pour ma mère surtout, une terrible épreuve. Il faut imaginer ce que c'était que de vivre à quatre avec ce très grand malade, puis cet agonisant, dans les deux pièces de notre minuscule maison. Cet épisode tragique m'est toujours demeuré, dans ses détails médicaux, assez obscur. On ne parlait pas de ces choses devant les enfants. Et sans doute les médecins d'alors, à supposer qu'ils aient pu établir un diagnostic précis, n'ont-ils donné que peu d'informations à ma mère.

Quand mon père disparut, mon frère Jean avait un peu plus de vingt ans, mais il ne pouvait prendre en charge la famille :

l'accident dont il avait été victime l'avait rendu gravement instable ; Rosette n'avait que dix-sept ans et moi un peu plus de onze. Rarement l'expression « rester seule avec trois enfants » n'aura été plus justifiée : la solitude de ma mère fut alors infinie. Mes grands-parents paternels étaient morts, sa propre famille était loin, en Italie, où il était désormais impossible d'envisager les voyages de naguère, et il n'y avait que peu, pour ne pas dire rien, à attendre du village. Accablante moralement, la situation l'était également sur le plan matériel. Outre que les aides publiques étaient plus chiches alors qu'elles ne le sont aujourd'hui, nous n'y avions pas droit en tant qu'étrangers. Et, pour ma mère, quel métier exercer, à plus de quarante ans, sans aucune formation ? Alors elle multiplia ces ménages qui avaient été un complément de revenus mais qui devaient désormais assurer notre subsistance. Car c'est bien de cela qu'il s'agissait maintenant, subsister. Auparavant, la vie avait été dure ; elle était devenue dramatique. Ce fut pour elle une angoisse de chaque jour : nous nourrir, nous vêtir, parvenir à payer le loyer... Pour moi, aujourd'hui, aucun de ces mots – *nourriture*, *vêtement, loyer* – ne sont de simples rubriques dans un document à caractère social, que je peux considérer avec une froideur de gestionnaire : ce sont les heures de travail de ma mère, son épuisement, sa peur de chaque lendemain. Son extraordinaire courage aussi, son incroyable détermination à « tenir ».

Avais-je été fragilisé par tant d'à-coups douloureux ? Toujours est-il qu'on s'aperçut que je développais une glande maligne, jugée assez sérieuse pour qu'on m'envoie en « préventorium », avec une forte suspicion de tuberculose. Ce qui pouvait paraître une nouvelle avanie du destin en fut, d'une certaine manière, la bifurcation. À l'époque – on est en 1953 – le traitement classique de la tuberculose était l'air pur et le soleil, en altitude ou en bord de mer. Pour moi, ce fut le bord de mer – et plus précisément le centre héliomarin de Menton-Garavan. À près de mille kilomètres de chez moi.

C'était une très grande et belle propriété, donation d'une famille qui avait sans doute été éprouvée par la maladie ou la perte d'un enfant. L'établissement, tenu par des carmélites, accueillait de petits malades diversement atteints. Moi, j'étais dans un immense dortoir du premier étage, qui réunissait une cinquantaine de gamins relativement valides, mais il y avait au-dessus des garçons et des filles plâtrés des épaules aux genoux, et qu'on déplaçait sur des chariots roulants. Cela, je ne le sus que plus tard : dès mon arrivée, on m'imposa une quarantaine dans la maison d'isolement, le lazaret. À y repenser, l'endroit était charmant : c'était une jolie villa dans les mimosas, au travers desquels on apercevait la Méditerranée. Pour moi, ces quarante jours d'enfermement, avec à mon côté une religieuse quasiment muette, furent un enfer. J'étais terrifié, je faisais sans cesse des cauchemars : j'étais un gamin de douze ans qui comprenait à peine ce qui lui arrivait, qu'on avait séparé de sa famille, expédié à des centaines de kilomètres, qu'on isolait et à qui on ne parlait pas. On m'avait dit que j'étais malade, mais à quel point l'étais-je ? Peut-être que j'allais mourir, tout seul, ici ? Il aurait fallu plus que la mer, que pourtant je n'avais jamais vue, pour calmer un tel effroi.

Cette expérience m'a profondément marqué, et je pense qu'elle est à l'origine de la sorte de peur que m'inspire la solitude. Sur le plan privé, je n'aurais pas envisagé de rester célibataire – j'allais le prouver peut-être un peu trop rapidement. Sur le plan professionnel, les carrières que j'ai choisies, quand il m'a été possible de le faire – la profession d'avocat, puis la politique –, ont en commun de se fonder sur le contact et la médiation : l'autre, les autres, y sont à la fois des partenaires et des enjeux, qu'il faut défendre ou convaincre lors du débat juridique, tout comme, en plus grand nombre, lors du débat démocratique. Dans l'un et l'autre cas, il y a, en amont, la nécessaire solitude de la réflexion, mais cette réflexion n'est pas introvertie, elle est déjà, en silence, une ébauche de dialogue. Avant elle, il y a eu échange ; après elle, les idées, les projets ont pour vocation de s'incarner. Je ne nie évidemment pas l'importance d'un certain retranchement, particulièrement pour la lente élaboration d'une œuvre de création, mais là n'est pas mon domaine d'action. Et si j'attache une telle importance à la parole, c'est parce qu'elle postule et manifeste la présence d'autrui. Il est toujours hasardeux d'assigner à une expérience du passé, et singulièrement de l'enfance, un caractère fondateur dans ce qui deviendra une manière d'être adulte, mais, j'en demeure convaincu, j'ai trop connu la solitude et son mutisme imposé pour ne pas en garder une lointaine répulsion.

Passé cette quarantaine – mais quarante jours, à cet âge, c'est sans fin –, les choses s'améliorèrent. L'établissement, je l'ai dit, était tenu par des religieuses, et j'ai d'elles un souvenir à la fois désincarné et curieusement sensuel. Certaines étaient très belles, avec des visages pâles et lisses, une forme d'intériorité réelle qui me fascinait sans que je puisse mettre un mot sur cette émotion. Et en même temps, je revois les longues robes virevoltantes, j'entends leur bruissement. Quand arrivaient les abbés chargés des cours ou du catéchisme, il y avait une effervescence silencieuse et presque troublante dans ces effleurements de bures et de soutanes. Tout cela formait pour moi un monde essentiellement féminin, qui ne manquait pas d'ambiguïté.

La féminité prenait aussi des aspects moins suavement idéalisés. Nous avions des surveillantes laïques dont certaines étaient plutôt rudes. L'une d'elles, quand nous avions chahuté ou seulement bavardé pendant la sieste – une obligation quotidienne où le silence total était de rigueur, bien qu'on ne dormît pas –, nous punissait d'une douche froide et de vigoureux coups de linge mouillé. Je mentirais en disant que j'en ai été gravement traumatisé, mais c'étaient d'assez mauvais moments à passer.

Heureusement, il régnait parmi nous un esprit de bande, presque de clan. Nous n'avions quasiment aucun contact avec le monde extérieur, nous vivions dans cette double clôture qu'étaient la maladie et le caractère conventuel de l'établissement. Je n'ai pas dû aller à la mer plus de trois fois en un an : c'était pollué, nous disait-on – déjà ; nous risquions d'attraper « des microbes »... Quant aux visites, elles étaient rarissimes. Peut-être les enfants réunis à cet endroit étaient-ils tous issus de milieux très modestes, et le « voyage » difficilement envisageable pour leurs parents. Ce fut bien sûr mon cas : ma mère ne put venir qu'une fois, et encore, après une série de démarches épuisantes et sans doute blessantes : elle dut demander de l'aide à ses anciens patrons italiens qui séjournaient à Monte-Carlo. En fait, on ne voyait que quelques visiteurs en tournée de charité, si l'on peut dire, qui venaient, vite fait, nous tapoter la joue, quand du moins ils s'approchaient assez pour le faire : après tout, nous étions potentiellement contagieux. J'en garde, on l'imagine, un souvenir plus que mitigé. Ne me restent vraiment en mémoire que ce metteur en scène qui nous inonda de cadeaux et l'apparition bénissante de l'évêque de Nice, avec les envols de robes et les agitations de voiles ou cornettes qu'elle suscita.

C'était une vie extraordinairement réglée, ritualisée : il y avait la messe, son service en tant qu'enfant de chœur, la sieste, les bains de soleil – qui faisaient partie de la cure : j'ai mis un certain temps avant de pouvoir les considérer à nouveau comme un plaisir. Un an, c'est déjà une éternité pour un jeune garçon, mais vécu dans un tel monde clos, soumis à la seule répétition, jour après jour, de moments identiques, c'était proprement désespérant. Est-ce à cause de cet ennui, du désir qu'il « se passe enfin quelque chose » ? Sous l'influence d'émotions diverses et assez confuses ? Toujours est-il que j'ai connu là ma première histoire d'amour, si toutefois le mot est pertinent. J'allais toutes les nuits, ou presque, rejoindre dans sa chambre une jeune surveillante. Dire que j'étais son amant serait exagéré, je devais le comprendre un peu plus tard, mais il s'agissait bien de corps nus, de jeux de mains et d'étreintes maladroites. J'avais treize ans, elle en avait vingt : la littérature, on le sait, a rendu célèbres d'autres exemples de précocité de ce genre – encore que je ne me sois guère senti alors « le diable au corps », même si j'éprouvais là mes premiers émois.

Je garde de cette « aventure » un souvenir à la fois ému et amusé. Du moins maintenant, parce que l'affaire me valut une frousse mémorable : une nuit, je faillis me faire surprendre en slip dans les escaliers. Oubli de l'heure ou inconséquence, je me retrouvai redescendant vers mon dortoir à l'heure précise où les religieuses se dirigeaient vers la chapelle pour leurs dévotions de l'aube. Je me revois, coincé sur un palier de cet escalier monumental, plaqué entre le mur et une armoire, littéralement tétanisé. Mais lorsqu'elles prient, les carmélites rabattent en partie leur voile sur leur visage et marchent les yeux baissés. J'étais à deux mètres au plus du lent – si lent ! – cortège, et aucune des religieuses ne me vit. Quand elles furent enfin passées, j'ai eu une bouffée d'euphorie : j'étais un héros à la fois de l'amour et de la transgression. De quoi être gonflé d'orgueil. La réputation, déjà flatteuse, que me valait mon aventure auprès de mes camarades sortit de l'incident renforcée. Car tout le dortoir était évidemment au courant de mes prouesses nocturnes, et personne n'en souffla jamais mot. Après coup, je pense que le plaisir de frimer devant les copains était pour moi au moins aussi grand que le plaisir tout court... À quoi s'ajoutait un goût pour la séduction qui ne m'a d'ailleurs pas quitté. Pour toutes les formes de séduction, pas seulement amoureuses, bien sûr. Convaincre, « amener à soi », puisque c'est le sens étymologique du mot « séduire », est pour moi essentiel. Je me soupçonne d'y trouver une manière de conforter un sentiment d'exister que mes jeunes années avaient mis à mal. En revanche, je me demande toujours ce qui avait pu pousser cette jeune femme à prendre un tel risque, sinon, peut-être, le désir plus ou moins conscient de provoquer un esclandre qui la ferait sortir, de force, d'une vie et d'une situation qui lui pesaient trop.

Si étonnant que cela puisse paraître, cette initiation amoureuse ne me détournait pas de la conviction que j'avais assez vite formée : je serais prêtre. Besoin de sublimation ? Prégnance de l'atmosphère dévote ? Manière de se raccrocher aux seules présences masculines ? Je ne sais trop. En tout cas, cette « vocation » suscita l'intérêt d'un des religieux qui nous dispensait un enseignement allégé mais sérieux. Nous étions un petit nombre à suivre avec lui des cours nous préparant à l'examen d'entrée en sixième qui, à l'époque, conditionnait l'accès au secondaire. Dans son esprit, il s'agissait surtout de me rendre apte à intégrer le petit séminaire, et je dois à son prosélytisme une initiation anticipée au latin qui m'a été fort utile au lycée. Nous avons donc passé cet examen à Nice, parmi six cents autres candidats : une fille du centre y a été reçue première, et moi deuxième, ce qui prouve la qualité de notre préparation. Il faut dire aussi que, dans les conditions de vie où nous étions, et si l'on excepte, pour ce qui me concerne, mes escapades sentimentales, peu de chose nous distrayait des préoccupations scolaires, encore que nous fussions, comme tous les enfants de cet âge, joueurs, voire chahuteurs. Je sais devoir beaucoup à ce brave abbé : outre que ce succès au concours a donné sens et valeur à ces mois de maladie qui, sinon, n'auraient été qu'un long temps vide, il ouvrait la porte à une possibilité d'avenir que je n'aurais probablement pas connue dans des circonstances « normales ». Et je souris de penser que je dois à ce prêtre d'abord soucieux de la gloire de Dieu d'être devenu un enfant de l'école républicaine...

Il y fallut quand même un second hasard : le petit séminaire de Bourogne, à quelques kilomètres de Montreux-Château, où il était prévu que je rentre à mon retour de Menton, ferma brutalement. Quant à ma vocation religieuse, qui se nourrissait davantage de visions héroïques d'évangélisation au fin fond de l'Afrique que de contemplations mystiques, elle ne résista pas à une rude confrontation avec la réalité d'une Église plus soucieuse de normes bourgeoises que de charité chrétienne. Nous avions à Montreux un curé sans doute pas mauvais homme mais autoritaire et cassant, l'abbé Reuillard. Au premier Noël qui suivit mon retour, je suis évidemment allé à la messe de minuit – la grand-messe de minuit traditionnelle, qui réunit quasiment tout le village. Or je n'avais pas de missel – même dans leurs versions les plus modestes, ces missels, papier bible et reliure de similicuir, étaient des objets coûteux. L'abbé Reuillard y a-t-il vu une mise en cause de son autorité ? un écart inadmissible dans le pieux ordonnancement de la cérémonie ? Toujours est-il que, au beau milieu de la messe, il interrompit ses oraisons, remonta l'allée jusqu'à moi et, sous le regard de tous les paroissiens, me flanqua à la porte de l'église : sans missel, je n'avais « rien à faire là ». Ce fut vraiment un séisme dans ma tête ! Où étaient la compassion, le respect d'autrui dont on m'avait tant dit qu'ils étaient les fondements de la religion ? Une fois de plus, j'étais exclu d'une communauté, et une fois de plus pour une simple question d'apparence. Je m'en souviens, je suffoquais d'humiliation, mais plus encore de colère, d'indignation. J'avais grandi, et je n'avais plus l'inconscience vaguement soumise de jadis : puisque c'était « ça », la religion, sans moi ! Ce fut radical. Et, ce jour-là, je découvris vraiment à la fois l'âcreté et la jubilation de la révolte. Je ne devais pas l'oublier de sitôt.

Seulement, avec l'abandon de la prêtrise disparaissaient aussi les rêves de lointains voyages missionnaires. Il me fallait donc trouver une vocation de substitution. Ce fut vite fait : je décidai de devenir pilotin stagiaire. Je sais bien qu'il y a des marins suisses, mais envisager une carrière dans la marine marchande au beau milieu du Territoire de Belfort était quand même un brin saugrenu. Il n'empêche que, pendant des semaines, je ne parlai au lycée que cargos, bananiers et longs périples dans des mers tropicales...

Car, depuis le mois d'octobre, j'étais devenu lycéen. La décision s'en était prise pour de multiples raisons et, à dire le vrai, plutôt « par défaut » que dans une perspective de « promotion sociale » : ma mère pensait tout naturellement l'avenir professionnel de ses enfants, surtout des garçons, dans le droit fil de la tradition familiale. Elle en espérait seulement pour eux plus de réussite et d'aisance qu'elle et mon père n'en avaient connu. Mais j'avais été malade, j'étais réputé fragile : on me voyait mal travailler sur un chantier. Et me faire entreprendre des études laissait ouverte la possibilité d'une carrière ecclésiastique dont la perspective était loin de déplaire à ma mère : pour une famille italienne, compter un prêtre parmi ses enfants était fort bien vu.

Je l'ai dit, il aurait été impossible d'envisager pour moi des études si mon frère ou ma sœur s'étaient engagés dans cette voie. Toutefois, ni l'un ni l'autre ne se sentirent lésés par ce choix fait pour leur cadet. Jean, brisé par son accident, menait une vie assez chaotique, mais ses difficultés ne tenaient pas à une frustration de ce genre. Pour Rosette, il s'agissait plutôt de suivre, sans trop se poser de questions, ce que les habitudes assignaient alors comme itinéraire scolaire à une jeune fille de notre milieu social : de vagues cours d'« enseignement ménager », avec une prétendue spécialisation en couture, devaient la préparer à une profession de couturière qu'elle n'aurait d'ailleurs pas pu exercer, sa vue étant fort mauvaise. Elle entra très vite dans une filature, d'abord dans les ateliers, puis dans l'emploi de bureau que lui valurent son sérieux et ses réelles aptitudes. Je suis certain qu'en d'autres temps, elle aurait entrepris avec succès des études différentes – mais c'était ce temps-là, et nous étions des enfants d'immigrés italiens pauvres, dans un petit village du Territoire de Belfort.

Pour moi, il fut donc décidé que j'irais au lycée. La chose ne fut toutefois pas simple : si j'avais été reçu brillamment au concours, je n'avais pu entrer en sixième à la rentrée prévue – j'étais alors toujours en cure au centre héliomarin. Il me fallut donc une dérogation pour « valider » mon succès à la rentrée suivante, et surtout obtenir une bourse sans laquelle la seule perspective de ces études était inenvisageable. J'eus alors la chance de pouvoir compter sur un second intercesseur, plus cher encore à mon souvenir que l'abbé de Menton, dont la vigilance à mon égard était sans doute moins liée au souci de m'assurer un avenir que d'assurer la pérennité de l'Église.

M. Galland et sa femme habitaient Montreux. Ils avaient perdu deux filles dans des « circonstances tragiques », disait-on, sans que j'aie jamais su exactement ce qu'elles étaient. Il avait été ingénieur à la SNCF et avait ce qu'on appelle une « bonne situation ». Assez bonne, en tout cas, pour leur permettre d'avoir une femme de ménage – ma mère. Et je faisais pour lui de petits travaux de jardinage. Il me parlait beaucoup, de sa vie, de ses expériences. Bricoleur passionné, il avait un atelier où s'entassaient des objets hétéroclites, outils ou vieux instruments, dont il me racontait l'histoire et les usages passés. Je voyais sans doute en lui une sorte de figure paternelle, ou plutôt grand-paternelle – c'était un assez vieil homme –, et il devait rechercher en moi un souvenir de la paternité qui lui avait été retirée. Il se trouva qu'il était en relations amicales avec le proviseur du lycée de Belfort : il parvint à m'y faire accepter en dépit de mon « retard », et surtout à obtenir pour moi la bourse sans laquelle rien n'était possible.

Intégrer administrativement le lycée était une chose, s'y intégrer en était une autre. La première année fut difficile. Le lycée de garçons de Belfort – qui prit plus tard le nom de lycée Roosevelt – était évidemment fréquenté par les fils de la bonne bourgeoisie belfortaine. J'y exhibais une double différence : d'abord, j'avais un an et une bonne tête de plus que mes condisciples, ensuite je portais ces impossibles culottes courtes qui m'étaient une honte quotidienne. Pourtant, je parvins à nouer des relations de compagnonnage superficielles mais heureuses. Chaque matin, nombre de lycéens prenaient comme moi l'omnibus Mulhouse-Belfort, avec arrêt à Petite-Croix, où je montais, et Chèvremont, dernière halte avant la capitale du Territoire, et c'était un beau chahut jusqu'à l'arrivée. Pendant que le train louvoyait entre étangs et bosquets, notre jeu préféré consistait à passer d'un wagon à l'autre, en suivant le marchepied qui courait tout le long de l'omnibus, pour arriver jusqu'aux compartiments « des filles », puisqu'une ségrégation implicite regroupait dans des wagons différents lycéens et lycéennes. Là, aux petits matins obscurs ou aux soirs crépusculaires, la prouesse était d'atteindre le commutateur général – opportunément placé à l'extérieur – qui éteignait les lumières, juste pour le plaisir d'entendre les petits cris faussement affolés que suscitait une apparition que nous voulions fantomatique aux vitres des portières. Et le jeu valait moins « pour faire peur aux filles » que pour l'ivresse de mimer, corps arc-boutés pour lutter contre la vitesse – au moins quarante à l'heure ! – les héros de séries B qui commençaient à envahir les journaux illustrés et les écrans. Certains jours, j'avais conscience d'être « autre » – et tout particulièrement lors de cette visite impromptue que me firent trois camarades à Montreux – mais la plupart du temps, je me conformais sans états d'âme aux us et coutumes de la vie lycéenne d'alors.

On a évidemment raison, aujourd'hui, de s'inquiéter de certains comportements d'élèves dans des établissements « difficiles ». Encore ne faudrait-il pas inventer une fausse nouveauté au rapport de longue date complexe entre enseignants et enseignés, entre adultes détenteurs désignés de l'autorité et adolescents assujettis à cette même autorité. Et les actuels débordements, pour inadmissibles qu'ils soient, ne devraient pas conduire à affabuler un passé idéal où des générations de jeunes disciples, issus de milieux infiniment respectueux de la connaissance et de la dignité professorale, auraient attendu dévotement de leurs maîtres l'onction du savoir. Des cohortes de jeunes lycéens venus des meilleures familles furent pour leurs professeurs des calamités permanentes, pour ne pas dire des tortionnaires raffinés, et cela en toute impunité, sans que l'opinion publique ou familiale s'en offusquât vraiment. Ce qu'une forme de discours présent sur la violence scolaire implique, chez certains, de nostalgie d'un temps où n'étaient scolarisés que les « héritiers » m'exaspère et m'inquiète – même si, encore une fois, je sais les situations insupportables auxquelles peuvent être confrontés les enseignants, et l'impérieuse nécessité d'y remédier.

Au lycée de Belfort, l'immense majorité des élèves étaient fils de cadres, de notables ou de respectables commerçants. Il n'empêche que certains professeurs y vécurent un enfer auquel, je le confesse, je participais. Comme toujours, comme partout, il y avait ceux devant lesquels nous filions doux, et d'autres que nous chahutions sans vergogne. En particulier un professeur d'allemand qui avait installé dans sa salle de cours une armoire dans laquelle un certain nombre d'objets étaient réputés « illustrer » un mot de vocabulaire. Ainsi, « *die Wagen* », « la voiture », était prétexte à l'exhibition d'une auto miniature sortie de l'armoire en question. Notre jeu préféré consistait à en mettre les étagères en équilibre instable, de sorte que dès qu'il ouvrait les portes du meuble pour en sortir son « exemple », tout s'effondrait... Mais ce n'était rien au regard de ce que nous faisions subir à un surveillant surnommé, je ne sais plus trop pourquoi, « Chocolat ». Il portait au visage les cicatrices d'un accident et se déplaçait avec des cannes anglaises, ce qui ne nous empêchait nullement de le rendre fou à force de chahut.

Notre professeur d'histoire avait trouvé, lui, une astuce pour museler nos débordements. Nous savions que notre surveillant général était communiste. Or, il se trouve que sur un des murs de la classe d'histoire – chaque enseignant avait alors une classe attitrée – débouchait un ancien conduit de cheminée. Dès que l'agitation montait, M. Villemin, lui socialiste, interrompait son cours, levait lentement les yeux vers l'orifice noir et circulaire, le pointait du doigt et, d'une voix sépulcrale, disait : « L'œil de Moscou ! » Étrangement, ça marchait à tous les coups : l'obscure menace interrompait le désordre naissant...

Tout au long de ces années, je fus plutôt un bon élève, encore qu'avec une fâcheuse propension, les années passant, à ne faire que ce qui était nécessaire et suffisant pour éviter les ennuis. C'est à cette époque que s'est posé le problème de ma naturalisation. Depuis le début de ma scolarité, j'étais, en fait, dans une situation irrégulière qui tenait aux conditions un peu particulières de mon entrée au lycée : comme j'avais été intégré dans le cadre d'une dérogation, on ne s'était pas avisé que, étranger, je n'avais pas droit à la bourse qui m'avait été octroyée. Il convenait donc de régulariser la situation. Né en France – à la différence de mon frère aîné et de ma sœur –, je devais opter soit pour le « droit du sang », qui me faisait italien, soit pour le « droit du sol », qui me faisait français. Ce ne fut pas un cas de conscience : il était pour moi évident que la France était le pays où je souhaitais vivre, et cela ne souleva aucune objection dans ma famille. En revanche, les formalités furent assez pittoresques. Le greffier du tribunal d'instance de Fontaine, qui statuait sur ces questions, était un très vieux monsieur qui – survivance de l'Ancien Régime – était titulaire de sa charge depuis les années trente. Avec sa calotte de drap et ses manchettes de lustrine, c'était un personnage de Daumier : il me fit remplir un nombre incroyable de formulaires, puis m'envoya un certificat attestant que j'étais bien citoyen français. Une déclaration qu'il avait dû, c'est le cas de le dire, prendre sous son bonnet : on me refusa quelques mois après une demande de passeport, parce que je n'étais pas français. Le brave homme en était resté à la législation du début du siècle, et il me fallut recommencer toute la procédure. À cette époque, la chose, mis à part les embarras administratifs, me parut aller de soi. Aujourd'hui, j'ai, je ne le cache pas, plaisir à penser que la représentation nationale est présidée par un immigré italien naturalisé français à dix-sept ans. Quels que soient les problèmes complexes que pose l'intégration, peut-il y avoir, pour ceux qui la souhaite, de meilleure preuve qu'elle est possible ?

Ces études que je voulais très réellement poursuivre n'étaient pas le seul centre de mes intérêts. Assez vite, je me suis au moins autant intéressé aux bals du samedi soir qu'aux déclinaisons latines ou allemandes. C'était ma grande, et d'ailleurs à peu près mon unique distraction, d'autant que je n'étais guère sportif : on ne regardait pas la télévision, les cinémas étaient éloignés et rares. En revanche, il y avait presque toujours, dans un rayon d'une trentaine de kilomètres, un de ces bals populaires où l'on dansait sur un plancher de bois brut mal équarri – une catastrophe pour le tango ! –, monté sur la place d'un village et recouvert d'un chapiteau. Pas de ticket d'entrée : on vous apposait un tampon à la saignée du poignet ou sur le dos de la main. Si l'on avait un copain impécunieux, il fallait ressortir très vite pour le décalquer sur sa paume avant que l'encre ne sèche. Bien sûr, il se reproduisait inversé mais on pouvait toujours escompter un moment de cohue pour déjouer la vigilance des « caissiers ».

Mes amis du samedi étaient des garçons de Montreux, anciens compagnons d'école primaire pour la plupart : mes condisciples du lycée habitaient Belfort ou s'éparpillaient le week-end dans les communes environnantes. Et puis je suppose que je me sentais plus à l'aise avec ceux qui me connaissaient de longue date, devant qui je n'avais rien à feindre... Par chance, je n'avais de goût ni pour l'alcool ni pour la bagarre : je préférais déjà la parole à l'affrontement physique. Je ne me suis battu qu'une fois – et j'ai pris une raclée mémorable, ce qui m'a ancré dans la conviction que la rhétorique était préférable au coup de poing. En revanche, j'avais beaucoup de goût pour la danse. Et plus encore pour les filles.

C'est évidemment à un bal, à Ballersdorf, que j'ai rencontré Christiane. J'avais à peine dix-huit ans, elle tout juste seize. Elle était apprentie coiffeuse, et fille d'un adjudant-chef à la retraite, de lointaine origine polonaise. On pourrait disserter sans fin sur ce qui rapprocha les deux enfants que nous étions : une commune origine immigrée ; chez moi, un certain goût pour la transgression : elle était alsacienne, quasiment une « étrangère » pour un garçon du Territoire de Belfort, encore qu'Altkirch ne fût qu'à une vingtaine de kilomètres de Montreux ; des enfances difficiles, bien que différemment. À supposer que tout cela ait pu, plus ou moins consciemment, exister, je ne me posais guère de questions : elle était blonde, charmante, et j'étais convaincu de l'aimer... Ce que, bien sûr, je lui prouvai. Ce qui, tout aussi sûrement, eut son inévitable résultat : elle fut enceinte. Pour moi, il était impensable de ne pas « assumer mes responsabilités », même si cela signifiait l'abandon de mes études et l'entrée accélérée dans une « vie active » qui ne pouvait guère être que l'usine.

Curieusement, je ne pris pas ce mariage pour le moins brusqué comme une catastrophe. J'en mesurais certes les conséquences immédiates, mais cet enfant à venir m'était un bonheur, et la perspective d'entamer une nouvelle vie qui m'appartienne en propre stimulait en moi, je suppose, ce goût de l'aventure qui m'avait naguère fait rêver à de lointains espaces. Il y fallait une certaine dose d'inconscience mais, comme aurait – presque – dit Rimbaud, « on n'est pas sérieux quand on a dix-huit ans ». Pas sérieux et très sérieux à la fois : je me sentais, non sans quelque fierté, un homme, moins à cause de cette paternité imminente que parce que je faisais virilement face à la situation...

Les regards rétrospectifs sont bien souvent mystificateurs : il n'empêche qu'à y repenser, ce mariage précipité fut effectivement un tournant décisif dans ma vie. Il me força à plonger dans le monde du travail, à en découvrir la violence et les injustices, et à me forger très vite une conscience politique. Que serait devenu le lycéen plutôt désinvolte que j'étais alors ? Je l'ignore évidemment, mais j'ai des raisons de soupçonner que ces plaisirs nouveaux que je découvrais – la camaraderie des bals, le charme des jeunes filles – m'auraient pour un certain temps un peu grisé.

Qu'on me comprenne : loin de moi l'idée de plaider pour une sorte de fatalisme, le « à quelque chose malheur est bon » est trop facilement un alibi justifiant l'inaction, une fausse philosophie prônant insidieusement la résignation au prétexte d'hypothétiques bénéfices ultérieurs. Poser comme un diktat divin, comme le font certains discours religieux, que notre terre n'est qu'une « vallée de larmes » n'a pas peu contribué à museler, des siècles durant, toute velléité de rébellion contre des oppressions qui n'avaient pas grand-chose à voir avec un quelconque salut éternel. Et rien ne me désolerait autant que de voir le récit que je fais ici d'un itinéraire difficile servir d'apologie à l'acceptation agenouillée de prétendus coups du sort, au nom de fallacieuses possibilités de rebond dans ce monde, ou de rédemption dans l'autre. Mon propos est exactement inverse : il vise à dire qu'il faut toujours se battre, pour les autres et pour soi, parce que rien jamais, jusqu'à l'ultime seconde d'une vie, n'est définitivement inscrit comme un destin irrévocable.

En l'occurrence, je l'ai dit, ce mariage n'était pour moi en rien un malheur. Mais mon entourage ne partageait pas vraiment mon enthousiasme. Tout particulièrement ma mère : j'ai dû la supplier pour qu'elle consente à assister à la cérémonie. Pour elle, cette décision était une folie ; j'avais dix-huit ans, la jeune mariée seize ans et demi, elle était alsacienne – à ses yeux, une aberration, ce qui prouve qu'il y a toujours plus « étranger » que soi – et elle était ostensiblement enceinte puisque le mariage a eu lieu en avril alors que notre fils Pascal est né en juin. On peut comprendre que ce n'était pas ce dont elle avait rêvé pour son fils cadet. Moi, j'étais enchanté. Consciemment du moins, parce que j'imagine qu'un psychanalyste verrait un bel acte manqué dans le fait que je suis arrivé à la mairie d'Altkirch avec une heure et demie de retard : j'avais oublié à Montreux les papiers que notre jeune âge rendait indispensables – autorisation parentale pour moi, dérogation pour elle. Je m'en suis aperçu à mi-chemin, il m'a fallu trouver le moyen de revenir à Montreux puis de rejoindre Christiane et ses parents. Quand je suis enfin apparu, la future mariée était en larmes et la belle-famille blême : tous étaient convaincus que, au dernier moment, j'avais décidé de prendre le large.

« Enfant de la République », je sais l'être, d'abord, de son école. Sous la IIIᵉ République, l'École laïque, gratuite et obligatoire, avait été instituée pour promouvoir l'éducation de tous, quelles que soient leurs origines ou leur condition sociale, et favoriser l'égalité des chances. Toutefois, force est de constater que, longtemps, les inégalités sociales se sont reproduites dans le système éducatif et que la condition modeste de beaucoup de jeunes les condamnait, irrémédiablement, à quitter très tôt – trop tôt – le système scolaire.

Depuis quelques décennies, une mutation considérable s'est opérée. Mais si notre enseignement est devenu un « enseignement de masse », c'est-à-dire véritablement offert à tous, les inégalités n'ont pas disparu pour autant, et l'école ne joue qu'imparfaitement son rôle d'« ascenseur social » : un nombre trop élevé de jeunes se trouvent très tôt dans une situation d'échec ; leurs chances de « retrouver le niveau » sont faibles et ils sortent le plus souvent du système scolaire amers et sans réelle qualification. Il est donc nécessaire de s'affronter à ce qu'il est convenu d'appeler l'« échec scolaire » – et de le faire dans le cadre de l'école, car si un certain nombre d'enfants trouvent dans leur famille l'appui qui leur permet de réussir, d'autres ne bénéficient pas de l'apport de cet environnement familial. Pour que l'échec ne devienne pas synonyme d'exclusion, l'école doit donner à tous les jeunes le goût d'apprendre mais aussi reconnaître les différences, diversifier les parcours par une pluralité de choix, valoriser l'enseignement professionnel.

L'école républicaine doit, aujourd'hui plus que jamais, être un vecteur de promotion sociale mais aussi d'intégration. Pour cela, elle doit transmettre des savoirs mais aussi éduquer à la République et à la citoyenneté, qui n'est pas un sentiment inné. Toutefois, cette citoyenneté ne s'apprend pas seulement dans les livres. Elle n'est pas le monopole des adultes, ni l'isoloir son seul lieu d'expression. Elle doit vivre partout, avec tous, tout le temps. Dans cette perspective, la proposition du Parti socialiste qui veut donner aux jeunes l'occasion de mettre en œuvre des initiatives et des projets, en inscrivant obligatoirement dans leur cursus une période consacrée à une tâche d'intérêt général, en France ou à l'étranger, me paraît très intéressante : des quartiers de nos villes à l'espace rural en passant par le vaste monde, il y a beaucoup à faire, à connaître, à apprendre, dans un contact avec les réalités sans lequel il n'y a pas, non plus, de vraie formation.

Le système scolaire et universitaire de la République est fondé sur la notion de « méritocratie », qui pose que la réussite doit être exclusivement subordonnée aux aptitudes et à la motivation des individus – un principe qui est évidemment la condition d'une véritable égalité des chances. Pourtant, aujourd'hui, chaque année, des milliers d'étudiants de condition modeste sont contraints, malgré leur travail et leurs capacités, d'abandonner leurs études, faute de moyens.

Même lorsqu'ils parviennent à les mener à leur terme, les « petits boulots » auxquels beaucoup sont obligés de recourir sont préjudiciables à leur réussite universitaire. Il faut y remédier. En novembre 2000, l'Assemblée a adopté une proposition de loi créant une Commission nationale pour l'autonomie des jeunes, qui a pour mission d'étudier les conditions de création et les critères d'attribution d'une allocation pour les jeunes de seize à vingt-cinq ans : c'est indiscutablement le chemin à suivre.

Mais la notion de « formation » ne saurait être circonscrite à la période de scolarité, ni à un moment spécifique de la vie – la jeunesse. La loi vient d'entériner une grande avancée, et une véritable révolution pédagogique : la validation du cursus professionnel, qui reconnaît l'expérience comme source d'acquisition de savoirs, donc lui donne l'équivalence d'un diplôme. Toutefois, cette validation des acquis est insuffisante : il faut aller plus loin et offrir à chacun, quelles que soient sa formation initiale ou sa profession, la possibilité de continuer à se former tout au long de sa vie. C'est une nécessité pour notre société, mais surtout un droit fondamental, qui doit pouvoir être partagé par tous. Plus particulièrement, l'administration, la haute fonction publique doivent plus largement s'ouvrir : il y a, pour ces fonctions, d'autres savoirs utiles que ceux acquis à l'École nationale d'administration.

Ainsi, quels que soient les aléas d'une existence, le principe d'égalité des chances se changerait en réalité des chances.

III

Dès le mois de février, j'avais commencé à travailler chez Peugeot. À l'époque, c'est une entreprise de quarante mille personnes, héritière d'une tradition de paternalisme patronal mâtinée de taylorisme pur et dur. Son emprise sur la région est immense : difficile d'y échapper pour qui recherche un travail, quasi impossible de se réinsérer dans une autre activité pour qui en a été exclu. Les réseaux de connivences – économiques ou politiques – sont tels que personne ne s'aventurerait à employer quiconque y aurait « déplu », surtout en manifestant une tendance à la rébellion. L'alternative est donc simple : ou se soumettre, ou s'exiler hors des frontières du Territoire. Comme dans la plupart de ces entreprises aux mains de ce qu'on appelait les « deux cents familles », y règne une hiérarchie démultipliée en une série de strates de « petits chefs », tout-puissants sur leur secteur mais eux-mêmes pieds et poings liés devant leurs supérieurs immédiats, et dont la carrière dépend de leur aptitude à « tenir » leurs équipes. Ce type de *management* interdit pratiquement tout contact direct avec une instance de décision : moins il y a de dialogue et d'information, moins il y a évidemment de tentations de revendication et de tentatives de négociation.

Ce strict encadrement interne est redoublé par une mainmise de l'entreprise sur la majorité des lieux de vie de ses salariés, et cela d'autant plus qu'ils sont modestes. À chaque vague d'immigration requise par les impératifs de productivité, on construisait des « hôtels Peugeot » – des sortes de foyers où Turcs et Yougoslaves, qui arrivaient par trains entiers, trouvaient certes un abri mais où ils devenaient totalement dépendants de leur employeur pour leurs conditions de survie. Quant aux loisirs, singulièrement sportifs, ils sont loin de répondre à la définition d'un temps « libre » : l'entreprise est omniprésente dans la direction des clubs d'athlétisme, de basket, et surtout de football, où elle investit en partie son image de marque.

Dans cette fin des années cinquante, le FCSM – le Football-Club Sochaux-Montbéliard – joue avec succès en première division. Il atteint même la finale de la coupe de France en 1959, qu'il perd de justesse contre Le Havre, et les supporters se pressent au stade Bonal, du nom de l'ancien directeur sportif du club, Auguste Bonal – également responsable, avant la guerre, de l'usine d'emboutissage de Peugeot. Le nom de Peugeot est d'ailleurs partout au FCSM, sur les maillots des joueurs, aux flancs des tribunes, au fronton des centres de formation de jeunes joueurs et, implicitement, dans le nom même qu'on leur donne, les « lionceaux », en référence au logo qui orne les automobiles. Comme le déclarait récemment Éric Peugeot, président d'honneur du FCSM : « Historiquement, notre famille est extrêmement attachée au club Sochaux-Montbéliard. Grâce aux investissements conjoints des collectivités et de l'entreprise, nous avons en main tous les outils pour redonner du bonheur au public. » On ne peut mieux dire : Peugeot, grâce à cette heureuse « conjonction » de l'entreprise et des collectivités, a bien su

« historiquement » prendre « en main tous les outils ». Et les garder.

En 1960, l'intrication de l'argent et des performances sportives n'est pas encore ce qu'elle deviendra, mais un bon joueur a un statut professionnel enviable : un emploi correctement payé, du temps pour l'entraînement, la libre disposition d'une voiture... Pratiqué à un certain niveau, le sport était la voie royale pour réussir sa carrière. Il était également bien vu de fréquenter la même église ou le même temple que son supérieur hiérarchique immédiat : cela vous classait immédiatement parmi les « bons éléments ». Comme on peut l'imaginer, n'étant pas vraiment sportif et ayant abandonné toute pratique religieuse depuis l'épisode de la messe de minuit, je n'avais pas le profil idéal pour faire une belle carrière chez Peugeot.

Je me suis retrouvé tout de suite affecté à une chaîne, qui n'était d'ailleurs pas la plus pénible : celle où l'on peignait les voitures était terrible. De chaque côté de la chaîne, deux hommes – la plupart du temps des immigrés – pulvérisaient un quart de carrosserie brute avec des peintures d'un haut degré de toxicité, dont ils aspergeaient copieusement leurs vis-à-vis. C'était à ce point irrespirable qu'ils avaient droit à une pause toutes les vingt minutes, et qu'on les contraignait à boire des litres de lait pour limiter les risques d'intoxication. J'y repense chaque fois que je vois, à la télévision, la publicité pour la *Picasso* – quoi qu'on pense, par ailleurs, de l'association du nom d'un peintre d'un tel génie créatif avec ce spectacle de parfaite robotisation... La chaîne où l'on assemblait carrosserie et moteur était également assez dure, et même dangereuse au moment où devaient s'emboîter ces deux très lourds éléments.

Pour ma part, je travaillais sur une chaîne moins éprouvante physiquement, mais qui permettait au taylorisme de s'exercer dans toute sa splendeur : il s'agissait de monter le tableau de bord, avec sa kyrielle de fils à passer – on n'imagine pas quel enchevêtrement se cache derrière un tableau de bord ! –, de plaques numérotées à poser, de vis ou boulons à serrer. À chaque ouvrier juste un ou deux gestes, toujours identiques, mécaniquement répétés à longueur de journée, de semaine, de mois. Mais à un rythme suffisamment rapide pour qu'il soit impossible de penser à autre chose. Et, bien sûr, aucune vue d'ensemble à partir de laquelle aurait risqué d'être contestée la logique du travail exigé. On ne pouvait quitter son poste, fût-ce un bref moment, qu'au terme d'une procédure d'appel à laquelle il était répondu selon le bon vouloir du contremaître : arrivait alors un remplaçant – ou une remplaçante, car un certain nombre de femmes travaillaient sur cette chaîne. J'en garde une en mémoire : elle était très belle, et d'une élégance naturelle qui, à elle seule, soulignait le caractère dérisoire et humiliant des tâches qui nous transformaient en machines.

Les fameux *Temps modernes* de Chaplin ne sont qu'à peine une caricature de ce type de travail : les cadences y étaient réellement infernales, régies par des chronométreurs dont la fonction était de diminuer sans arrêt les temps impartis à chaque tâche. Parfois, nous essayions de « remonter la chaîne », c'est-à-dire de gagner quelques mètres – quatre ou cinq – sur sa rotation continue, donc quelques minutes sur le travail quotidien, calculé en nombre de pièces à traiter dans une journée. Il y fallait l'accord de tous : selon qu'on accélère ou qu'on ralentit son seul travail par rapport à la norme retenue, on gêne ou celui qui précède, ou celui qui suit. Toutefois, si tous acceptaient cette accélération, au prix d'un effort exceptionnel, on arrivait à grappiller cinq minutes sur l'horaire du jour. Mais l'exceptionnel est une notion dénuée de sens sur une chaîne : si nous l'avions fait une fois, nous pouvions le faire toutes les fois. Et immanquablement, le lendemain, le nombre de tableaux de bord à monter était augmenté de quelques unités.

On imagine mal, maintenant, la perversité d'un tel système : non seulement l'être humain y était réduit à sa seule aptitude à faire, en l'absence de toute pensée, quelques gestes mécanisés, mais le moindre de ses désirs ou de ses besoins – comme, un jour, gagner du temps –, quoi que ce soit qui le marquait comme une personne singulière, le *sujet* de sa vie et non pas comme un objet parmi d'autres, était immédiatement écrasé sous de nouvelles normes imposées à tous. Aucun « individu », seulement un bloc humain qui, en bloc, se meut autour d'une chaîne qui tourne... Tenter d'imposer son propre rythme était aussi vain que d'essayer de remonter le courant d'une rivière, quand sa force est égale à l'énergie que vous pouvez déployer. Et au bout de dizaines d'années de ce travail, quand vous cessiez de pouvoir tenir le rythme de la chaîne, vous pouviez espérer vous voir confier le balayage des allées, jusqu'à la retraite.

C'était intolérable pour tout le monde, et particulièrement pour le jeune lycéen que j'avais été. On m'avait appris à penser, à m'interroger, à défendre un point de vue, une interprétation, une opinion. Au lycée, savoir s'extraire des conventions, des normes, était tenu pour une valeur. « Trop scolaire », c'est-à-dire trop soumis au discours de l'institution, y demeurait une remarque négative. Désormais, il m'aurait fallu tenir pour des qualités exactement l'inverse – l'acquiescement obligé, l'éradication de toute initiative ? Quel sens pouvait donc avoir une société qui prônait des comportements à ce point opposés ? Et n'était-ce pas dire que, d'entrée de jeu, le monde se composait de maîtres, autorisés et même encouragés à user de leur liberté, et d'esclaves, voués à l'obéissance et à la passivité ? Il ne m'a pas fallu bien longtemps pour comprendre que je ne le supporterais pas.

Pour l'heure, il fallait vivre. Pascal était né en juin, Christiane travaillait dans un salon de coiffure. Après notre mariage, nous avions habité un bref moment chez mes beaux-parents, mais je ne m'y sentais pas très à l'aise. Outre que la maison se trouvait sous les cheminées de la cimenterie d'Altkirch et que nous y vivions dans un permanent nuage de fumée, la ville était plus éloignée de Sochaux que Montreux-Château. De vingt et un kilomètres seulement, mais le vieil autocar qui ramassait les ouvriers faisait un circuit compliqué dans les villages environnants et cela représentait une bonne heure de trajet supplémentaire : nous sommes donc revenus à Montreux-Château.

Nous travaillions en deux équipes, l'une du matin, l'autre de l'après-midi, une semaine sur deux. Être « du matin » signifiait se lever avant trois heures, sortir dans la nuit et souvent le froid ou la pluie pour aller prendre le car, vaguement somnoler pendant l'heure et demie de tours et détours dans la campagne, et se trouver devant la chaîne à quatre heures et demie pour une journée de huit heures et demie ou neuf heures de travail. À dix heures, il y avait une pause d'une demi-heure pour le casse-croûte. Dans le réfectoire, on était supposé pouvoir réchauffer sa gamelle dans des sortes de bacs d'aluminium rectangulaires qui contenaient un peu d'eau, mais c'était interminable et la pause était courte. Pour la plupart, nous apportions donc des repas à peu près invariablement composés de salade de pommes de terre – ou de tomates en été – et de sardines ou de viande froide. Et comme les sardines étaient meilleur marché, cela a été ma nourriture de base, comme celle de bien d'autres, pendant des mois. Je sens encore ces odeurs de réfectoire : métal des plats et des gamelles, eau douteuse, huile et poissons froids. On était trop abrutis de fatigue pour beaucoup parler. À une heure, on reprenait le bus pour le même trajet dans l'autre sens, ce qui, pour ma part, me ramenait chez moi vers trois heures de l'après-midi – soit plus de douze heures après en être parti. Cela me laissait assez peu de temps pour m'occuper de mon fils : je devais me coucher très tôt pour pouvoir me réveiller le lendemain.

Les horaires de l'après-midi étaient moins durs, du moins pour moi : on commençait à une heure pour finir à neuf et demie, mais le temps de rentrer, il était au moins onze heures, ce qui n'est guère le moment de commencer d'intéressantes conversations familiales : en fait, je voyais à peine ma femme et mon fils, sauf en fin de semaine, si je ne passais pas le week-end à dormir. Mais cette vie était celle de milliers de gens, à Sochaux et ailleurs.

Assez rapidement, pourtant, je me suis insurgé. Moins contre la difficulté d'une telle vie que contre, à l'époque, son absurdité. J'avais très vite compris que le moindre signe de rébellion marquerait la fin de ma « carrière » chez Peugeot, mais tout était préférable à ce perpétuel non-sens que risquait de devenir mon existence. J'avais dix-neuf ans : allais-je passer trente-cinq ans à poser, pas même des tableaux de bord mais trois vis et deux plaques – dont j'ignorais l'origine et la signification – sur des « morceaux » de tableau de bord ? Puis les dix suivantes à balayer les allées avant une retraite où j'arriverais le corps épuisé et la tête totalement vidée ? Ma seule ambition serait-elle de prendre place parmi ces petits chefs dont le pouvoir se résumait à ignorer les « procédures d'appel » quand un ouvrier avait besoin de quitter la chaîne ? Il n'en était pas question ! Pourquoi n'ai-je pas décidé alors de partir sans un mot, d'aller tenter ma chance ailleurs sans, en plus, aggraver mon cas en manifestant clairement mon désaccord ? Je ne sais trop. Par orgueil sans doute : je voulais qu'on sache bien que moi, Raymond Forni, je jugeais les conditions de vie qui nous étaient faites intolérables, donc que je n'étais prêt ni à les tolérer ni à m'esquiver subrepticement sans avoir donné mon sentiment. On l'imagine peut-être difficilement maintenant, mais alors, prendre simplement la parole était un acte de subversion. Et, je l'ai dit, j'avais su très tôt que j'étais assez à l'aise dans son maniement.

Dans un premier temps, j'ai exercé ma rhétorique sur le contremaître. Il ne m'aimait guère – il devait sentir que je piaffais, que je refusais de rester à l'alignement. Du coup, dès que les tests de contrôle, en fin de chaîne, signalaient une erreur de montage, il m'en imputait la responsabilité. Certaines pouvaient d'ailleurs effectivement venir de moi – un fil inversé par exemple, qui empêche le démarrage – mais je niais systématiquement, et je le sommais de me prouver que j'étais en tort. Ce n'était pas simple : quand le tableau est monté, il est bien difficile de dire quelle pièce, désormais cachée, pose un problème, donc quel point précis de la chaîne est en cause. Ce ne pouvait qu'être moi, disait-il, puisque... Seulement, au jeu logique des « puisque », « donc », « en conséquence », « CQFD », il était infiniment moins fort que moi, et, la plupart du temps, il devait abandonner la partie – ce qui le mettait en rage. Alors que je jubilais. Mais ma réputation de frondeur commençait à se répandre. Et, simultanément, le sentiment de victoire que me donnaient ces escarmouches s'affadissait : tout cela n'allait pas bien loin, et surtout ne satisfaisait que mon seul amour-propre, sans beaucoup faire progresser la condition des autres.

Il n'y avait pas réellement de tradition politique ou syndicale dans ma famille. Mon grand-père rétameur avait été une sorte d'artisan, mon père avait travaillé dans une petite entreprise, où une assez grande latitude lui était laissée pour organiser son travail. L'un et l'autre connaissaient bien les difficultés du quotidien mais une certaine forme de culture ouvrière, née du combat contre l'oppression que faisaient peser les « maîtres de forges » du dix-neuvième siècle, leur était étrangère. Mon père, en revanche, était un homme « à principes ». Et notre pauvreté n'avait pas empêché que je fusse élevé selon ces principes : le respect des aînés et, plus globalement, celui de la dignité de la personne humaine, quel que soit son statut social. On ne théorisait guère ni ne philosophait sur l'avenir du monde mais ces valeurs-là m'avaient été inculquées dès mon enfance, et je savais qu'elles étaient fondamentales. Et qu'elles étaient bafouées ou du moins ignorées là où je travaillais. Il n'était donc pas question de se sauver seul – à tous les sens du mot – ni de se contenter de vaincre dans des affrontements personnels : puisque le problème était collectif, il fallait s'engager dans une organisation elle-même collective.

En 1959, chez Peugeot, le syndicalisme était quasi inexistant – il n'émergea vraiment qu'après 68. Il y avait certes des syndicats mais principalement du type de ce qu'on appelait des « syndicats maison », éventuellement habillés d'une étiquette usurpée, comme FO ou CFTC, et qui étaient beaucoup plus les porte-parole de la direction envers les salariés que les relais des salariés envers la direction. Existaient aussi, sous haute surveillance, des représentations de la CGT et de la CFDT. À cette époque, la CGT était totalement inféodée au PC, et le PC n'avait pas encore pris ses distances avec une expérience soviétique très marquée par le stalinisme. J'avais beau ne pas avoir une vaste culture politique, ce que je connaissais du fonctionnement d'alors de ce parti – bureaucratie, autoritarisme – était aux antipodes des valeurs que je voulais défendre. En outre, je ne croyais guère à la révolution, je n'imaginais pas même la possibilité d'un Mai 68. J'étais convaincu, et je le suis resté, que, s'il était nécessaire de transformer la société et les partis politiques, on ne pouvait efficacement y parvenir que de l'intérieur, à partir d'une connaissance concrète des réalités, d'une juste appréciation des rapports de force et des moyens de les faire évoluer. L'action militante quotidienne me paraissait déjà bien plus opératoire que les vastes théorisations et la phraséologie des grands discours d'intentions.

Entendons-nous : je ne nie en rien, bien au contraire, l'importance de la réflexion théorique dans le domaine politique. D'ailleurs, je tiens que l'élaboration d'un concept est une *action*, tout comme la production d'outils d'analyse appropriés à une situation. C'est plutôt l'échelon intermédiaire, si j'ose dire, qui parfois m'agace : celui où l'on se contente de répéter ces théories comme si leur seule profération détenait un pouvoir quasi magique d'effet sur le réel, sans vraiment se préoccuper de leur adéquation à ce réel, par nature complexe, mobile, conjoncturel. J'aime la parole, je l'ai dit, mais je n'accorde aucun crédit à l'incantation, surtout comme substitut de l'action : cette réminiscence du religieux projeté dans le laïque me paraît au mieux un alibi, au pire, une mystification. Avec les possibles dérives qu'on a hélas connues.

Pour moi, ce ne fut donc pas à proprement parler un événement qui me poussa à l'engagement syndical puis politique, mais le contact avec la vie même, et la conviction que mieux valait s'y affronter que la déplorer. Travaillait à proximité de ma chaîne un garçon qui militait à la CFDT. Nous avions déjà parlé à plusieurs reprises, et je suppose que je l'intéressais. Toutes proportions gardées, j'étais, sinon un « intellectuel », du moins quelqu'un dont le niveau d'études était assez largement supérieur à la moyenne de mes compagnons : on était loin, en ces années, de l'ambition des 80 % de bacheliers par classe d'âge, et j'étais un « prébachelier » honorable. Surtout, il ne lui avait pas échappé que je n'avais aucune intention de me laisser écraser par le « système », et que le débat ne m'effrayait pas, bien au contraire. Je n'ai jamais eu de grandes responsabilités syndicales – j'ai trop vite quitté Peugeot – mais j'ai dès lors pris part aux négociations que nous pouvions mener avec notre chef d'équipe : pour faibles qu'étaient les marges de manœuvre, on parvenait à obtenir quelques améliorations ponctuelles, sur le rythme de la chaîne ou l'aménagement, tout relatif, de la cantine, si l'on savait établir un rapport de force favorable. En termes d'enjeux, c'était sans doute peu de chose. En termes de méthode, ce fut pour moi un apprentissage décisif : jauger l'« adversaire », identifier ses points de force et de faiblesse, mesurer ce qui relevait de sa compétence et ce qu'il était inutile de discuter avec lui, bref, apprécier une situation dans ses moindres détails – psychologiques comme politiques, au sens large de mot –, c'est là, sur le terrain, « à la base » que je l'ai appris. Et jamais oublié. Pour mille raisons, certaines douloureuses, d'autres assez heureuses, somme toute, « Sochaux » garde une place très particulière dans ma mémoire : là a vraiment tourné ma vie.

Expérience essentielle, mais qui fut d'assez courte durée. En 1959, il y eut un mouvement de grève extrêmement violent, auquel je participai. La colère, trop longtemps muselée, avait explosé et elle était difficile à contenir dans les limites traditionnelles de la revendication. Le bureau d'un directeur, un ingénieur du nom de Rougier, avait été occupé – ce qui était alors plutôt rare – et lui-même séquestré après avoir bien failli être défenestré. Le tout avait duré presque trois semaines, et la tension avait eu du mal à retomber. À peu de temps de là, je fus convoqué par le directeur du site, un certain Bach qu'évidemment je ne connaissais pas. Nous avions des contacts avec le chef d'équipe, parfois le chef d'atelier, mais un directeur de secteur était un homme totalement inaccessible. Une telle convocation était en soi un événement.

Lorsque j'entrai dans son bureau, il était assis et, bien sûr, il me laissa debout. « Alors, me dit-il d'entrée de jeu, j'ai vu que tu as fait grève... » Là, j'ai senti monter l'énervement. Le droit de grève était inscrit dans la Constitution, que je sache. Et puis, pour qui me prenait-il – et se prenait-il – à me laisser planté ainsi, et à me tutoyer comme un élève de sixième convoqué par le proviseur ? Je l'ai interrompu pour lui faire remarquer que nous ne nous étions jamais rencontrés auparavant, et que son tutoiement me semblait un peu prématuré... Cela n'a pas réchauffé l'atmosphère, comme on peut le penser. Il a alors agité ma fiche et m'a signalé que j'étais « souligné en rouge », et que si je le restais, je pouvais considérer ma carrière comme close. Je lui ai alors demandé ce qui justifiait ce trait rouge : j'étais assidu au travail, et plutôt compétent, pour autant que le mot ait un sens compte tenu de ce que j'avais à faire. J'avais fait la grève, répéta-t-il, et j'avais pris deux fois un congé de trois jours. Je lui précisai que le premier congé était lié à la naissance de mon fils – et que je n'avais fait qu'user d'un droit reconnu par la convention collective. Quant au second, j'avais voulu tenter de passer le bac puisque j'avais interrompu ma scolarité de première en février... Pour le coup, il changea d'arguments. Si je voulais avoir un futur chez Peugeot, il n'y avait pas trente-six moyens. Je n'avais qu'à me montrer docile et on veillerait à ma progression dans l'entreprise. Ne serait-ce pas dommage qu'il en aille autrement pour un garçon comme moi, intelligent, qui avait un « bagage » bien supérieur à celui des autres ? Est-ce que vraiment je voulais rester jusqu'à ma retraite à visser des boulons derrière une chaîne ? On passerait à la rigueur sur cette « erreur » qu'avait été la grève si j'admettais que le souci de mon avenir m'imposait d'abandonner mon intérêt malvenu pour des compagnons de travail qui n'étaient, après tout, que des « primaires ». Je crois que cette pseudo-connivence me scandalisa plus encore que le tutoiement du départ. Le marché était clair, et il était tout aussi clair que je n'étais pas preneur. En sortant du bureau de M. Bach, directeur de la carrosserie chez Peugeot, je savais que dès que je le pourrais, je partirais.

De l'anecdote j'ai tiré deux leçons. La première, c'est que les épigones sont infiniment plus redoutables que les grands patrons eux-mêmes. Il se trouve que je connais maintenant quelques membres de la famille Peugeot : ce sont des gens conscients de leurs responsabilités d'entrepreneurs. Leurs grands-parents et arrière-grands-parents ont mis en place un système industriel qui n'a pas été sans bénéfices pour la région. Mais au fil du temps, et aux mains de serviteurs trop zélés qui ont cru que surenchérir sur les impératifs de productivité leur permettrait d'être reconnus et légitimés, la gestion de l'entreprise est devenue insupportable pour le monde du travail. Je ne suis pas un « ennemi du capitalisme » et je me reconnais peu dans les imprécations qu'il a suscitées. En revanche, pour datée et un peu emphatique que soit l'expression, je sais qu'il existe des « valets du capitalisme » – méprisants, brutaux, souvent bornés, et d'autant plus dangereux qu'ils ne se consolent pas de n'être pas vraiment des « héritiers ». Par chance, c'est un modèle en voie de disparition : les enjeux du management moderne, qui pose certes d'autres problèmes, les ont fossilisés.

La seconde leçon que me donna cet entretien mémorable, c'est qu'il ne faut jamais cesser d'être vigilant, en particulier à son propre égard. « Docile », je ne l'avais jamais été, par nature. Par chance, pourrait-on dire, ce M. Bach, qui n'était pas d'une grande subtilité, avait lancé un des mots les plus aptes à me faire réagir. Mais d'autres, plus fins psychologues ou plus roués, auraient peut-être pu – pourraient peut-être dans le futur – me circonvenir en jouant de mes faiblesses ou, pire, de ce que je sentais en moi comme des forces : un certain orgueil, ou le goût du débat et de la séduction intellectuelle. Je n'avais pas eu grand mal à résister aux prétendus attraits de la carrière de contremaître qu'on me faisait entrevoir, mais les tentations à venir pourraient être plus sérieuses. Je ne devais jamais risquer de me renier par défaut de vigilance.

D'autant que je devais découvrir que l'entreprise, mais ce n'était pas la seule, avait une aptitude remarquable pour adapter ses techniques d'emprise sur son personnel aux diverses évolutions du moment.

Pendant assez longtemps – et surtout immédiatement après 68 – le système fut d'une brutale simplicité. Peugeot avait mis en place un système paramilitaire de surveillance de ses ouvriers et employés, surtout de ceux qui étaient engagés dans une activité syndicale autre que celle des « syndicats maison » – ou qui auraient été tentés de le faire. C'est un ex-général qui avait été chargé de ce qu'on n'appelait pas encore la « direction des ressources humaines ». Lui, ses « ressources humaines », il allait les recruter à la sortie des maisons d'arrêt, de préférence parmi d'anciens militaires ayant mal tourné. Il leur était alors proposé un double contrat de travail : le premier, parfaitement officiel, les affectait à des fonctions de manutentionnaires ou de manœuvres, qui justifiaient leurs déplacements sur le site ; le second, totalement secret, leur assignait comme tâche d'observer les contestataires potentiels, de rapporter leurs faits et gestes et, le cas échéant, de « casser du syndicaliste » – ce qui n'avait rien d'une métaphore. Pour cette double activité, ils touchaient évidemment un double salaire, l'un selon les procédures habituelles, l'autre en liquide, dans l'arrière-salle d'une brasserie qui portait – cela ne s'invente pas – le nom prédestiné de « La Balance ».

L'organisation de ce « travail au noir » – ou plutôt « au jaune » – aurait parfaitement pu demeurer inconnu. En fait, c'est un concours de circonstances qui le fit découvrir. À cette époque, j'étais déjà avocat stagiaire, et j'assurais la défense d'un homme arrêté au cours d'un hold-up – depuis quelque temps, d'ailleurs, on avait constaté, dans la région de Sochaux-Montbéliard, une nette augmentation de ce type de criminalité. Dans le cabinet du juge d'instruction, il expliqua qu'en dépit d'un double salaire, il n'arrivait pas à joindre les deux bouts, et qu'il avait donc rejoint la bande de casseurs qu'avaient formée certains de ses « copains ». Le juge voulut en savoir plus long sur ce « double salaire », et c'est ainsi que l'homme décrivit la manière dont ils avaient été recrutés à leur sortie de prison, les « boulots » dont ils étaient chargés et les enveloppes qui circulaient à « La Balance ». En remontant la piste, le juge s'aperçut qu'avait été constituée, avec la bénédiction de la direction de Peugeot, une petite armée de mercenaires d'environ trois cents hommes – dont, pour faire bonne mesure, un certain nombre s'était constitué en gang pour arrondir les fins de mois. L'affaire fit quelque bruit et je crois me souvenir que Claude Angéli, du *Canard enchaîné*, lui consacra un livre.

Quand on y réfléchit, de tels dérapages obéissaient à une logique perverse qui avait son origine dans la nature même du mode de travail alors imposé aux ouvriers. Le total désinvestissement mental, l'automaticité absolue qu'exigeait la taylorisation chez ceux qui y étaient soumis ne pouvaient avoir que deux conséquences : soit une docilité de robot, soit une accumulation de violence presque pulsionnelle, inaccessible au raisonnement. Et Peugeot, c'était quarante mille personnes, presque une ville dans la ville. Dans cette logique, pour « tenir » cette population, il fallait un système d'encadrement très dur – dût-il se constituer aux marges extrêmes de la loi.

J'ai toujours été étonné du temps qu'il a fallu à un certain patronat pour comprendre qu'en dehors même de toute appréciation morale, un tel système est totalement contre-productif. À défaut d'autres considérations, le cynisme seul aurait pu lui faire mesurer que l'abrasion de toute instance de médiation – ce que sont les syndicats – aboutit nécessairement à des face-à-face d'une violence difficilement contrôlable, et presque toujours, à long terme, préjudiciable à ses intérêts.

Chez Peugeot, et sous l'influence de certains directeurs, cette « culture d'entreprise », si l'on peut employer un tel terme, a longtemps prévalu, tout en adoptant des méthodes plus sophistiquées. J'ai à nouveau pu le constater dans le cadre de mes fonctions à la commission « Informatique et Liberté » : des fichiers avaient été constitués, qui permettaient de définir le taux de syndicalisation potentiel, ou d'obéissance aux mots d'ordre de grève, d'un secteur ou d'un quartier. Si vous aviez le malheur d'habiter un secteur ainsi repéré, votre candidature à un emploi était systématiquement rejetée, avant toute considération de compétence. Ce n'était plus le nom d'un individu qui était « souligné en rouge », mais celui d'un quartier entier. Je crois, ou du moins je veux croire, que de telles pratiques ont disparu, ne serait-ce qu'au nom du très rentable « capital-image », que leur découverte met sérieusement à mal. Mais on ne saurait être trop vigilant...

À mon époque, l'« encadrement » s'affichait ostensiblement, afin que nul n'oublie un instant l'omnipotence et l'omniscience des maîtres. Je revois, sous le ciel plombé de quatre heures du matin, cette file d'hommes et de femmes qui lentement s'engouffrent dans l'usine, silencieux, le regard fixe, apparemment hébétés. Et le garde qui nous toise à l'entrée comme à la sortie où parfois, d'un signe de tête, il désigne celui ou celle qui devra se soumettre à l'humiliation de la fouille. Ce souvenir reste lié à celui d'une odeur, l'odeur de Peugeot, à la fois âcre et poisseuse. Une odeur de fatigue et de sommeil interrompu, de vareuse mouillée et de nourriture froide, dont il est impossible de se défaire, même en dehors de l'usine, même le dimanche. Une odeur que, avocat, j'ai retrouvée, identique, dans le milieu carcéral, et qui me met toujours au bord de la nausée...

Si ma décision de quitter Sochaux et Peugeot était prise, il me fallait trouver un autre moyen de subsistance. Je n'y parvins qu'en septembre 1960, et l'aide décisive me vint pour la seconde fois de ce vieil ingénieur de la SNCF, M. Galland, à qui je devais déjà d'avoir pu entrer au lycée de Belfort : son amitié avec le proviseur, qui avait ses entrées au rectorat, me permit d'obtenir un poste de pion dans le lycée technique de la ville. Sans doute avait-il mis dans sa requête une réelle conviction : il était assez exceptionnel de confier ce type de fonction, d'ordinaire réservée à des étudiants engagés dans des études universitaires, à quelqu'un qui n'était même pas bachelier. L'ai-je due à une défection de dernière minute ? En tout cas, ce fut ma chance.

La chance... J'entretiens un rapport particulier avec cette notion. Mon enfance et ma jeunesse ont été marquées tout autant par la chance que par la « malchance » – si l'on peut employer ce terme bénin pour ma maladie ou, plus encore, pour la mort prématurée de mon père et ses conséquences sur notre vie. La première m'avait séparé de ma famille pendant des mois mais aussi permis de préparer l'examen d'entrée en sixième ; la seconde nous avait jetés dans la misère mais m'avait fait rencontrer cet homme qui me donnait la possibilité de prendre un nouveau départ... Je crois à la chance, très profondément. Encore faut-il la reconnaître quand elle se présente, et avoir construit les conditions qui permettent de la saisir : comme le hasard, la chance est peut-être aveugle – encore que j'en doute – mais elle ne sourit qu'à ceux qui savent garder les yeux grands ouverts.

J'avais donc repris mes études et je préparais le baccalauréat par correspondance. De toutes les périodes que j'avais vécues ou que j'allais vivre, ce fut la plus difficile. Non seulement me contraindre à un effort intellectuel après ces mois de travail à la chaîne me donnait littéralement des crampes cérébrales, mais je m'aperçus assez vite que, lors de mes dernières années lycéennes, j'avais laissé se tarir, par insouciance, par inconscience, les aptitudes qui avaient fait de moi un enfant plutôt doué. L'imagerie convenue voudrait que, le lycée m'ayant ouvert la voie de la promotion sociale, j'aie mesuré mon bonheur et, en bon élève « méritant », travaillé avec constance pour faire fructifier ce gain inespéré. Si choquant que cela puisse paraître aux adeptes d'histoires édifiantes, il n'en fut rien. Je l'ai dit, faute de « modèle » proche, les études secondaires et supérieures n'étaient pas particulièrement sacralisées dans mon entourage familial, et ce à quoi elles pourraient me donner accès me demeurait assez flou : mes rêves d'avenir me campaient bien davantage à la barre d'un cargo sillonnant les mers du Sud que défilant, coiffé du bicorne, avec les polytechniciens – dont je devais d'ailleurs à peine soupçonner l'existence. Puis il y avait eu les copains, les bals, les premières amours : à ce rythme, mes « facilités » s'étaient vite diluées dans une assiduité au travail plutôt négligente. Mais le réel m'avait violemment rattrapé avec l'expérience Peugeot, et je savais désormais que, mon choix de changer de vie fait, je devais m'en donner les moyens.

Ce furent deux années d'une infinie solitude, du moins pour ce qui concernait la préparation des examens, sans quiconque pour m'accompagner, partager mes désarrois, mes espoirs et mes découragements. Quelle qu'ait été leur qualité intellectuelle, les cours du centre de télé-enseignement de Vanves étaient forcément impersonnels, ou du moins privés de cette médiation si forte entre l'élève et le savoir qu'est la présence effective du professeur, comme de cette communauté complexe que représente, vaille que vaille, une classe. Christiane avait accueilli sans récriminations ma décision mais, hormis cette patiente bonne volonté, elle ne pouvait m'être d'aucun secours.

Quant à ma fonction de « pion », si elle n'était pas, physiquement et psychologiquement, aussi dure que la chaîne chez Peugeot, elle m'imposait des journées et des semaines très lourdes, d'autant que s'y ajoutaient ces longues soirées de travail personnel. En outre, pour améliorer les revenus familiaux, j'avais accepté, en plus de mes trente-sept heures hebdomadaires de surveillance, une dizaine d'heures d'enseignement général destiné à des apprenties coiffeuses : les compétences requises n'excédaient pas mes possibilités, et je garde un assez joli souvenir des moments passés avec ces essaims de jeunes filles en fleur... Et, dans le même but, je m'étais fait embaucher par le représentant d'une maison de charcuterie alsacienne : pendant les vacances scolaires, je sillonnais en camionnette Citroën les routes de Franche-Comté pour placer des jambons fumés ou des saucisses de Morteau. Il fallait charger la voiture à l'aube – vers quatre heures du matin –, avaler chaque jour quelques centaines de kilomètres et décharger les invendus le soir car la camionnette n'était pas réfrigérée. C'étaient encore une fois de longues journées mais celles-là étaient particulièrement rentables, et elles nous valurent d'appréciables améliorations du quotidien.

Au lycée, je passais pour être plutôt dur. D'une part, j'avais à peine quatre ou cinq ans de plus que les élèves, et il m'avait fallu d'entrée de jeu m'imposer. D'autre part, je profitais des permanences pour travailler mes cours et chaque instant comptait : pas question de se laisser « trimbaler » comme le faisaient trop de mes jeunes collègues. Mais je ne crois pas avoir été antipathique à ces générations de lycéens, si j'en juge par les rencontres que je fais encore aujourd'hui avec d'anciens élèves. Un contrat implicite de respect mutuel avait été instauré dès le début, et chacun s'y tenait. Quant aux professeurs, ils m'ignoraient, comme tous les pions, à peu près totalement : il allait de soi que nous n'étions pas du même monde. À la vérité, j'ai un souvenir plus que mitigé de ces enseignants de la fin des années soixante, qui constituaient une sorte de nouvelle petite bourgeoisie, refermée sur de bien modestes privilèges et cramponnée à une image d'elle-même où le souci de maintenir sa « respectabilité » l'emportait largement sur l'attention portée aux mouvements de société qui déjà se dessinaient.

Puis vinrent les épreuves du bac. Les deux fois – il y avait alors deux parties au baccalauréat –, ce fut, pour l'ex-ouvrier de Peugeot, le père de famille que j'étais, une expérience étrange que de se retrouver « planchant » parmi des adolescents. J'étais à plusieurs titres décalé : par mon âge, par ce que j'avais vécu mais aussi parce que j'avais perdu les codes de la vie lycéenne. Les épreuves écrites ne furent pas trop pénibles : le face-à-face avec la copie d'examen ne mettait en jeu que mon savoir et mon aptitude à en rendre compte. Mais j'arrivai aux oraux avec un trac terrible. Comme j'avais préparé l'examen de manière totalement solitaire, je n'avais aucune référence me permettant d'évaluer mes chances – étais-je ou non « au niveau » ? – et aucune pratique effective des exercices demandés. Par chance, il s'agissait, dans bien des matières, de proposer un point de vue, de soutenir un raisonnement ou une argumentation – et d'interpréter très vite les indices de satisfaction ou de réticence de l'interlocuteur : de tout cela, j'avais une connaissance acquise ailleurs que dans une salle de classe, mais tout aussi efficace.

Je fus reçu : j'étais désormais bachelier. Ce titre n'était certes pas usurpé – j'étais bien « au niveau » –, mais, par la force des choses, ma préparation s'était concentrée sur l'indispensable. Je déplore encore, très sincèrement, d'avoir une culture lacunaire : la virtuosité avec laquelle certains manient les concepts et les références érudites me plonge dans une réelle admiration – et me pince d'une pointe d'envie.

Je suis incapable de théoriser sur l'art, mais je crois avoir eu très tôt le sens de la beauté. Comme tous les enfants pauvres, j'avais eu des Noëls chiches en cadeaux, au regard de la munificence dont on comble – accable ? –, et moi le premier, les chérubins d'aujourd'hui. Sans doute en avais-je été fugacement blessé, moins d'ailleurs par envie de la voiture mécanique aux vrais pneus incrustés ou de la locomotive aux aciers rutilants qu'exhibaient mes camarades de classe, à la rentrée de janvier, que pour le cercle admiratif qui se formait autour d'eux.

Une fois seulement, j'ai eu mal. J'avais neuf ou dix ans. Je ne sais plus où j'avais vu cette merveilleuse flûte d'ébène baguée de jais qui m'avait fasciné. J'avais bien sûr deviné que cet objet-là était trop précieux pour que je puisse en ambitionner un semblable mais, pour le Noël suivant, j'avais un seul désir : une flûte. Au jour dit, un paquet était là, dont la forme justifiait tous mes espoirs. Ai-je eu un soupçon quand, en le prenant en main, je l'ai trouvé si léger ? J'ai déchiré le papier : c'était bien une flûte. En plastique. Je ne suis pas certain d'avoir su cacher ma déception, aussi injuste qu'elle ait été.

Mais c'est aussi à Montreux-Château que je dois, encore qu'assez indirectement, une rencontre qui a marqué mon univers esthétique, celle du peintre Roger Mühl. Alsacien de naissance, il avait épousé la mère d'anciens camarades, Jacqueline, et ils habitèrent quinze ans le village. J'ai immédiatement aimé le chromatisme puissant mais subtil de ses toiles, la vigoureuse scansion que leur imprime son jeu avec les matières. Dans la salle à manger de l'hôtel de Lassay, une de ses toiles, intitulée *L'Étang* – l'esquisse d'un sous-bois sur fond bleu –, apporte sa calme beauté. Manière de me signifier, à supposer que je risque de l'oublier, que tout n'est pas dorures et gobelins, et que mes racines sont ailleurs, dans ces terres d'étangs et de futaies, rousses et brunes dès que vient l'automne.

J'aime, sinon le luxe, du moins la beauté des lieux et des objets. Elle m'importe, et je la savoure avec un infini plaisir. Je n'en ai nulle honte. Dire que la beauté calme et libère l'esprit est une banalité, mais une banalité profondément juste. À l'inverse, il y a une oppression de la laideur, du sordide ou même du tout-utilitaire, et je l'ai connue. À la différence de celles et ceux que, depuis leur naissance, l'harmonie des choses a entourés, je mesure l'écart et j'apprécie ces dons de la vie.

Lorsque je suis entré chez Peugeot, le principal problème des syndicats était l'hostilité patronale ; désormais, c'est une certaine indifférence des salariés, dont témoigne la décroissance de la syndicalisation. La question est commune à tous les pays industrialisés et y a les mêmes causes, liées aux évolutions de nos sociétés : la poussée des individualismes, qui rend réticent devant l'engagement collectif; l'expérience du chômage, qui pousse à un réflexe de repli sur soi; enfin, les bouleversements qui ont marqué le marché du travail : la fin du salariat à vie dans la même entreprise, la montée de la mobilité et de la flexibilité, l'écrasement des structures hiérarchiques et l'apparition de ces nouvelles formes d'organisation qu'incarne la net economy.

Ces évolutions, qui mettent en cause la place des syndicats dans les entreprises et leur capacité à représenter les salariés, sont plus accentuées en France que dans d'autres pays du fait de l'émiettement syndical, fruit de notre histoire sociale, et des règles qui déterminent les critères de représentativité. Notre système est en effet fondé sur l'existence d'une présomption indiscutable de représentativité qui confère à cinq centrales syndicales – CGT, CFDT, CFTC, CGC, FO –

des droits consentis aux autres syndicats que s'ils remplissent certains critères. On conçoit qu'elle soit vécue comme une injustice par les syndicats émergents, qui la dénoncent en outre comme un facteur d'immobilisme. La remise en cause de cette « présomption » est difficile mais nous ne pourrons indéfiniment la repousser. Pour un élu du suffrage universel, il est impossible de souscrire à un discours postulant que la légitimité d'un syndicat ne tient pas à son audience mais à son existence, alors que toute légitimité démocratique vient de la confiance témoignée par les « mandants », qu'ils soient citoyens ou syndiqués. En outre, un tel postulat revient à nier l'émergence pourtant réelle de nouvelles organisations, dont le succès tient d'ailleurs pour partie à leur « victimisation », compte tenu de leur exclusion, et à leur logique strictement contestataire : les mettre à l'épreuve des responsabilités les conduirait sans nul doute à moins de démagogie.

Mais quel est le rôle, aujourd'hui, des syndicats ? C'est une interrogation liée tant à la mondialisation qu'à la baisse de la syndicalisation. Elle a été relancée au cours des dernières années par l'irruption de ce que certains ont cru pouvoir qualifier de « nouvelles relations du travail » dans la net economy, *même si son mirage s'est un peu dissipé. Car dans une économie où les relations hiérarchiques semblent s'estomper, quelle place peut-il y avoir pour les syndicats traditionnels ?*

Si fortes que soient ces remises en cause, les syndicats conservent néanmoins aujourd'hui trois fonctions essentielles, progressivement acquises tout au long de notre histoire sociale. D'une part, la fonction classique d'opposition au monde patronal, à partir de laquelle ils se sont construits et structurés. Cette fonction demeure majeure : malheureusement d'actualité, les plans sociaux qui se sont succédé montrent qu'il revient aux syndicats de créer un rapport de force avec la direction de l'entreprise pour que des solutions soient trouvées. D'autre part, la fonction de négociation collective, qui s'illustre notamment lors de la négociation des accords salariaux ou du temps de travail dans l'entreprise. Enfin, la fonction de gestion des organismes sociaux dans ce qu'on qualifie de « paritarisme à la française » – une vieille tradition qui a fait la preuve de son efficacité.

Encore faut-il, particulièrement dans cette dernière fonction, qu'il s'agisse bien d'ouvrir des perspectives neuves au dialogue social, et non de se calfeutrer dans un corporatisme frileux, voire de préserver des « chasses gardées ». Faute d'engagement vigoureux et surtout imaginatif, on assiste trop souvent à un recours au politique pour régler des problèmes qui relèvent de la compétence syndicale, ou à une relative atonie dans les propositions : il serait pourtant aberrant de laisser le seul patronat réfléchir à la « refondation sociale ».

Le rapport du politique et du syndical ne doit être posé ni en termes d'allégeance ni en termes d'opposition mais bien de complémentarité, d'articulation entre la loi, souveraine, et le contrat, nécessairement second. Il s'agit de définir un équilibre institutionnel conforme aux exigences d'une République d'aujourd'hui, respectueuse des aspirations de la société civile et des partenaires sociaux, mais respectueuse aussi des principes qui organisent depuis plus de deux siècles notre vie collective.

À méconnaître le double risque de l'angélisme – plus de « patrons », rien que d'aimables camarades de travail – et de l'autisme – ne rien écouter, ne rien entendre –, le syndicalisme risquerait fort de passer pour un archaïsme, et le monde du travail de redevenir ce qu'il fut si longtemps : une jungle où il fallait se terrer pour survivre.

IV

Avant d'envisager ma future carrière et d'entreprendre les études nécessaires, je devais me libérer de mes « obligations militaires ». J'avais passé le conseil de révision lors de mes dix-neuf ans, avec le cortège de rites et coutumes qui accompagnait à l'époque cette cérémonie initiatique. Affublés d'écharpes et de calots multicolores, les conscrits parcouraient la région, passant de maison en maison pour quêter bouteilles, œufs et volailles, couchant le soir dans les granges. Ce furent huit jours de fête ininterrompue – et la seule fois où je fus réellement éméché : il était difficile de résister aux énormes chahuts de notre bande de jeunes gens, et aux libations qui les accompagnaient. On m'avait dit qu'il y avait pour les lendemains de fête un remède souverain : un œuf cru battu dans de l'eau très chaude mélangée à un jus de citron. J'en déconseille absolument l'expérience, c'était à se tordre de douleur et la seule idée du « remède » aurait suffi à me dissuader de me mettre en état d'en avoir besoin !

À la tradition s'ajoutait, ces années-là, une plus angoissante raison de noyer dans l'alcool la perspective du lendemain : la guerre d'Algérie s'enlisait, et notre « classe » était promise à vingt-sept mois de combats dans les Aurès ou la

Grande Kabylie. Nous ne savions pas tout des horreurs qui s'y perpétraient, mais nos aînés en revenaient suffisamment éprouvés pour que nous soupçonnions le pire, en dépit d'une hypocrisie qui refusait de nommer les « événements » pour ce qu'ils étaient, une guerre. Un déni qui aboutissait à des situations totalement absurdes : non seulement, en Algérie, on décernait la « valeur militaire » et non la « croix de guerre », puisque le mot était tabou, mais une commission rogatoire venait interroger les blessés lors des combats comme s'ils avaient été pris dans une simple rixe entre civils : connaissaient-ils leurs agresseurs ? avaient-ils une idée de leurs mobiles ? Bien évidemment, les gendarmes chargés de ces pseudo-investigations bâclaient ces simulacres d'interrogatoire mais c'était la procédure... Le grotesque le disputant à l'odieux, on peut se demander quelles images reçurent de la « défense de la patrie » les générations de jeunes hommes pris dans cette désastreuse aventure.

Comme beaucoup de Français, et pas nécessairement des plus passéistes ou réactionnaires, j'ai été blessé d'entendre siffler *La Marseillaise* lors du match de football France-Algérie du 6 octobre 2001 : nous étions nombreux à voir dans cette rencontre sportive un symbole très fort, celui de la raison retrouvée, quand la barbarie d'un conflit peut se muer en compétition amicale, voire fraternelle. « Black-blanc-beur » est un slogan qui avait enthousiasmé la France au temps de la coupe du monde, et ce n'était pas un simple engouement pour une formule bien balancée. Si je dis que la « France profonde » l'avait adoptée, ce n'est pas en référence à ce qu'on entend généralement sous cette expression – la part frileuse, défiante, calfeutrée dans ses vieilles manières de vivre et de penser de notre pays. Je parle de cette France *qui sait être profonde*, c'est-à-dire capable de penser son histoire, et de se penser dans l'Histoire, pour atteindre une forme de sereine lucidité. Cette France-là s'était aimée dans cette représentation triomphalement métissée, qui la réconciliait avec elle-même.

Toutefois, si les sifflets du 6 octobre lézardaient cette belle unanimité, encore venaient-ils d'adolescents dénués de repères politiques et historiques, pour la majorité peu conscients de ce qui se jouait là, et d'abord soucieux de fronder tout ce qui symbolisait l'autorité, hymne national compris. Je le répète, c'était triste, et stupide. Mais que dire alors de l'attitude de ces députés qui, le 17 octobre 2001, à l'Assemblée, sont sortis de l'hémicycle alors qu'on évoquait la terrible répression qui, quarante ans auparavant, avait fait des dizaines de morts algériens, et peut-être des centaines, dans les rues de Paris ? On voudrait donner des leçons de civisme républicain à des gamins trop souvent déboussolés, perdus, quand des hommes et des femmes, représentants de la nation et par elle choisis pour penser son avenir, se montrent incapables d'affronter le passé – notre passé ? La France mérite un autre regard. De la douleur, de l'injustice, de l'atrocité, il y en eut, je le sais bien, de part et d'autre, mais si des adultes, parmi les plus responsables, sont incapables de faire la différence entre devoir de mémoire et inexpugnable ressentiment, on peut douter de la sérénité, pour ne rien dire de la simple honnêteté intellectuelle, qui préside à certaines décisions.

Pourtant, ce ne fut pas pour éviter l'Algérie que je différai mon départ : j'avais besoin d'un sursis pour poursuivre la préparation du baccalauréat dans laquelle je m'étais engagé. Ce qui rendait indispensable une autre préparation, militaire celle-là : le sursis n'était accordé qu'à ceux qui avaient rempli cette obligation. Je partis donc un beau jour de 1961 pour le fort des Rousses, dans le Jura, où se déroulait le stage requis. Les exigences en étaient limitées, et j'en sortis avec, en poche, deux ans de répit. Je ne savais pas encore à quel point j'avais lieu de m'en réjouir ; outre que j'allais passer mes examens avec succès, je n'intégrerai l'armée qu'en novembre 1962 : les accords d'Évian avaient été signés en juillet, et j'échappai à l'Algérie.

C'est également pendant cette préparation militaire que se décidait la future affectation des recrues : pour moi, ce fut l'école de cavalerie de Saumur. On peut légitimement en être surpris : la liste des affectés à ce corps démarquait, pour leur grande majorité, les pages du Bottin mondain et du *Who's Who*, et le moins que l'on puisse dire est que rien dans mon itinéraire ne m'y prédestinait. Mais c'était l'été aux Rousses, les longues soirées étaient douces, le ciel étoilé à souhait – et la secrétaire chargée de l'administration tout à fait charmante... L'idylle fut brève, exquise et sans histoires. La veille de mon départ, la jeune femme me demanda si j'avais un souhait particulier pour mon affectation. Pourquoi ai-je lancé Saumur ? Je ne sais trop. Un brin de provocation, sans doute, et une imagerie assez vague et totalement stéréotypée, faite d'élégants cavaliers dont les activités militaires se bornaient à faire aller l'amble à de fringantes montures – tout le contraire de la vision de baroudeurs crapahutant en tenue de camouflage, qui ne me tentait guère. Je ne suis pas sûr d'y avoir vraiment cru, et je ne fus pas peu surpris, et reconnaissant, quand, quelques mois plus tard, un document officiel m'informa que l'École de cavalerie m'attendait.

Côté « Bottin mondain », je ne fus pas déçu : ma chambrée, d'un Rohan-Chabot à un Gonzague de Chasseloup de Châtillon, en passant par un Dunoyer de Segonzac, empilait particules et quartiers de noblesse. Et comme il n'était pas question de placer ces jeunes aristocrates sous une quelconque autorité roturière, un de nos formateurs avait nom Dumouchel de Prémare tandis que la place était commandée par le général et baron Alefsen de Boisredon... Je m'amuse encore à la pensée des enquêtes qui durent être faites par la Sécurité militaire pour comprendre comment Raymond Forni, fils d'un immigré italien et d'une femme de ménage, ex-ouvrier de Peugeot et modeste pion au lycée technique de Belfort, avait pu se retrouver dans pareille assemblée, et il me plaît assez qu'une modeste aventure amoureuse se soit révélée plus efficace que nombre de hauts patronages vainement sollicités.

Si j'étais certainement le plus manant de tous, je n'étais pas tout à fait le seul. Un de nos instructeurs – d'ailleurs sans indulgence – était Jean-Loup Dabadie, qui avait dû juger les voyages ferroviaires entre Saumur et la capitale propices à la création littéraire dans laquelle il commençait à se distinguer. En revanche, côté fières chevauchées, il me fallut déchanter : ni chevaux ni cavaliers à Saumur, à cette époque – si ce n'est ceux, illustres, du Cadre noir, dont les manèges jouxtaient nos bâtiments.

J'ai mené là, pendant six mois, une vie plutôt insouciante, encore que l'hiver 1962 eût été très rude. J'y ai surtout côtoyé un milieu dont la futilité et l'inconséquence me stupéfia. C'était, au cœur de l'armée républicaine, une enclave de l'Ancien Régime, avec, souvent, sa morgue ou ses afféteries de petits marquis. Le jour, l'uniformité des tâches effaçait en apparence les distinctions sociales mais, le soir venu, certains – dont je n'étais évidemment pas – quittaient les tenues de soldat pour revêtir smoking et chemise à col cassé et se rendre aux réceptions du général commandant l'École. Je m'y suis quand même fait quelques amis, dont Philippe Tardy, le fils d'un célèbre imprimeur de bibles de Bourges. Le hasard m'a fait le rencontrer en 1982 et, passé la première surprise, nous nous sommes tombé dans les bras, et nous avons décidé, dans l'enthousiasme du moment, de réunir pour un dîner nos anciens compagnons de chambrée.

Ce fut une soirée assez singulière. J'étais alors président de la commission des lois à l'Assemblée, et on me regarda comme une curiosité. Inutile de dire que, hormis moi, tous les convives étaient de droite, et certains avaient dû sérieusement croire, en 1981, que, comme on le disait dans leur milieu, les tanks soviétiques allaient prendre position sur la place de la Concorde, et Mitterrand s'essuyer les mains sur les rideaux de l'Élysée. Beaucoup avaient donc cet air à la fois déconcerté et faussement jovial d'émigrés qui, retour de Coblence, se seraient retrouvés dans le salon d'un ancien sans-culotte devenu baron de l'Empire. Mais comme le pouvoir attire – fût-il, à leurs yeux, dramatiquement dévoyé –, ils étaient venus... Il s'avéra que nous n'avions pas grand-chose à nous dire et ces retrouvailles restèrent sans lendemain.

En fait, l'armée que j'ai connue dans ces années soixante était d'un conformisme extrême, pour ne pas dire extrêmement réactionnaire, et sur le plan politique, les idées dites « de gauche » y étaient littéralement traquées. J'ai le souvenir d'un garçon qui était dans mon peloton et qui, contre toute attente, fut recalé à l'examen de fin de préparation, qui octroyait un grade d'officier. Or, sans être génial, il était tout à fait dans la moyenne des élèves, et il n'y avait jamais que deux ou trois collés par session. Il disparut peu après cet échec – et j'appris alors qu'on avait découvert qu'il militait au Parti communiste : un soldat communiste, c'était déjà difficilement acceptable, mais un officier, c'était simplement impensable !

Je rentrais rarement à Montreux-Château pour le weekend : le voyage était cher, et surtout interminable. Pas une seule fois je n'ai réussi à attraper le train qui m'aurait permis d'être chez moi le samedi en fin de soirée : régulièrement, après avoir galopé de la gare d'Austerlitz, où arrivait le train de Saumur, à la gare de l'Est, d'où partait celui de Belfort, je débouchais sur le quai pour voir disparaître ses feux arrière. Du coup, je devais attendre le suivant, vers vingt-trois heures, et je n'étais pas à Montreux, dans mon Territoire, avant quatre heures du matin. Comme il me fallait repartir le même jour avant cinq heures de l'après-midi pour ne pas rater le lever des couleurs, le lundi à six heures et demie, cela représentait près de vingt-quatre heures de train pour à peine douze heures chez moi, où j'arrivais d'autant plus exténué que ces trains de nuit ramassaient tous les bidasses du Sud-Ouest et du Nord-Est et qu'ils étaient régulièrement bondés. En dépit de quelques ravissantes compensations – des chevelures blondes ou des robes fleuries au milieu de cet océan d'uniformes kaki –, je ne fis ce trajet que peu de fois.

Au bout de six mois, je passai à mon tour l'examen, auquel je fus reçu vingtième sur cent cinquante. Ce qui signifiait, les affectations pour les dix mois de service militaire restant se faisant selon l'ordre de sortie, que le nouveau sous-lieutenant que j'étais avait le choix entre cent trente postes de garnison. La réunion où l'on devait se prononcer avait lieu dans le grand amphi de l'école et, à l'appel de mon nom, je m'entendis demander la Légion étrangère, à Calvi. Le romantisme un peu puéril qui m'avait fait m'imaginer successivement missionnaire en Afrique et capitaine de navire dans les mers australes avait encore frappé ! Heureusement, l'absurdité de ce choix m'apparut assez vite : j'étais marié, père de famille – qu'irais-je faire en Corse alors que j'avais déjà tant de mal, de Saumur, à rejoindre ma famille ? Au dernier moment, j'ai opté pour l'infanterie de marine, qui était basée à Offenbourg, non loin de Strasbourg, c'est-à-dire à une distance raisonnable de chez moi. Et puis la « Coloniale », cela vous avait encore un parfum d'aventures et d'horizons lointains, même à quelques kilomètres du Rhin...

Lorsque je quittai Saumur, au printemps 1963, un nom, qui m'était auparavant à peu près inconnu, me trottait dans la tête : il était le premier sur la liste des majors de promotion, proposée, gravée sur du marbre, à l'admiration des jeunes recrues, et je m'y heurtais chaque jour en sortant de ma chambre. C'était celui de Jacques Chirac. Et j'ignorais encore que Lionel Jospin, à peine un an avant moi, avait également fréquenté Saumur, en l'occurrence, l'école des officiers de réserve. Décidément, le lieu était un étrange carrefour d'anticipations.

Passer de la cavalerie, même sans chevaux, à l'infanterie, même blindée, était pour les officiers de cette première arme à la fois une trahison et une déchéance. Cela ne me troubla guère et j'incorporai sans états d'âme le 43e régiment blindé d'infanterie de marine. Or cette unité, qui avait connu des heures glorieuses, avait été choisie par Pierre Messmer pour expérimenter le nouveau Règlement militaire : avec la guerre d'Algérie et le putsch des généraux, un fossé s'était creusé entre la nation et son armée, et l'on avait enfin compris que l'exigence de discipline aveugle et la soumission obligée à des rites désuets étaient de moins en moins tolérées par les jeunes appelés. La « modernisation » comporta, outre la prolifération, dans la caserne, de clubs aux destinations les plus diverses et parfois les plus étonnantes, l'instauration de nouveaux comportements militaires : ainsi fut-on invité à ne plus saluer le colonel du régiment mais à lui serrer la main. Il put se réjouir que chaque soldat ne se soit pas senti obligé de lui manifester quotidiennement cette déférente cordialité : avec environ sept cents hommes sous ses ordres, ç'eût été un enfer... Mais il ne suffisait pas de moderniser, il convenait de le faire savoir. Meilleur « communicant » qu'il n'avait été, par le passé, fin stratège, le colonel Revault d'Allonne, le « père » de notre régiment, obtint qu'y soit incorporé le soldat Smet, alias Johnny Halliday, déjà l'idole qu'il est resté : en fait, nous ne le voyions que de très loin, et jamais mieux que dans les magazines qui lui consacraient des pages de reportage et faisaient, grâce à lui, la promotion du nouveau « look » de l'armée française.

Ce régiment était plutôt singulier : pouvait y disparaître en un clin d'œil un tank, qu'on retrouvait en pièces détachées sur le marché parallèle, lequel pouvait également vous permettre de remplacer une arme égarée, ce qui est pourtant une faute gravissime dans le code des armées. Et ne parlons pas des multiples trafics qu'alimentaient les tarifs très avantageux pratiqués par les économats de la zone occupée. Car Offenbourg était en Allemagne, et le régiment appartenait aux troupes d'occupation : notre solde nous était payée pour moitié en marks et pour moitié en francs. Les réfrigérateurs et autres chaînes hi-fi, achetés à bas prix outre-Rhin, transitaient par centaines à l'occasion des manœuvres qui nous ramenaient en France, et y trouvaient sans difficulté acquéreurs. Si je n'ai pas pris à ce moment la bosse des affaires, c'est que mon cas est totalement désespéré.

Le colonel Revault d'Allonne, assez vite devenu général, avait bien d'autres préoccupations que ces détails mercantiles. En fait, il avait une unique passion : les tuiles. Au sens propre, et de toutes formes et matériaux possibles. C'était quand même avoir un curieux rapport avec son inconscient que de décider de collectionner les tuiles : comment peut-on dire, jubilant : « Quelle chance, une nouvelle tuile » ? J'ai pu constater, dans une circonstance qui aurait prêté au jeu de mots si elle n'avait été dramatique, la force de cette obsession. Revault d'Allonne avait un garçon d'une douzaine d'année, gravement handicapé, qui mourut cette année-là. Les officiers se rendirent aux obsèques et il nous invita ensuite dans son très joli petit château, aux confins du Jura et de la Haute-Saône, où l'enfant avait été enterré. Là, ce fut la stupeur : dans absolument toutes les pièces, il y avait des expositions de tuiles. Des tuiles recouvertes d'or provenant de temples asiatiques, des tuiles en céramique de toutes les couleurs et de toutes les nuances imaginables, des plates, des rondes, des demi-rondes, de corniche ou de faîte – bref, une avalanche de tuiles. J'ai beau avoir rencontré des collectionneurs d'objets tout à fait improbables, rien ne m'a plus étonné – et déconcerté – que cette collection, dont je n'ai jamais su si elle était une tentative de conjurer le destin ou l'expression d'un masochisme inconscient.

Quelle qu'en ait été la raison, il est indéniable que les « tuiles » s'accumulaient dès qu'il montait une opération. Je n'ai pas le souvenir d'une seule manœuvre qui se soit terminée sans problème : les chars tombaient en panne d'essence, les cartes distribuées ne correspondaient pas au secteur de manœuvre, la signalisation était prise de délire topographique, bref, jamais nous ne sommes parvenus à respecter les horaires établis. Et comme le moindre incident voyait évidemment ses conséquences démultipliées par le nombre d'hommes concernés, il m'est assez vite apparu qu'il était quasiment de mon devoir de ne pas risquer d'ajouter à la confusion. Donc, dès le début de la manœuvre, je virais vers le premier bosquet accueillant et attendais en bouquinant ou en me dorant au soleil que sonne l'heure prévue pour le retour. J'y acquis une réputation de rigueur et de ponctualité scandaleusement usurpée...

La plupart de nos occupations militaires étaient d'ailleurs d'une utilité stratégique très discutable. Ainsi, les « manœuvres de nuit » consistaient le plus souvent à faire tourner à vide les moteurs des chars, dans les hangars où ils stationnaient, pour consommer un maximum d'essence – faute de quoi notre attribution de carburant aurait été, l'année suivante, amputée. Je suppose qu'il fallait « prouver » une intense activité que nous étions loin de déployer.

Vint le printemps 1964, et ma prochaine démobilisation. Il était impérieux que je décide ce que j'allais faire de mon avenir. Un court moment, je pensai à une carrière militaire : après tout, je n'étais pas encore engagé dans des études universitaires, dont la perspective m'inquiétait peut-être. Mais je compris vite que, modernisée ou non, l'armée n'avait pas grand-chose à voir avec mon idéal de vie et surtout d'action, et que cette très fugitive tentation relevait plus du coup de fatigue que d'une réelle conviction. Strasbourg était proche d'Offenbourg, juste de l'autre côté du pont de Kelh, et j'avais profité d'après-midi de liberté pour assister à certains cours, renifler l'atmosphère de la fac, tester mes intérêts. Ma décision fut assez vite prise : ce serait le droit. Une discipline à la fois spéculative et reliée au concret, qui ouvrait sur une possible carrière et était compatible avec mes conditions de travail, puisque j'allais retrouver mon poste de pion au lycée technique de Belfort.

Ces années d'études furent moins pénibles que les précédentes : j'avais repris l'habitude de l'effort intellectuel, je travaillais plus vite, et mieux. Un camarade avait accepté de prendre en double les cours magistraux auxquels je ne pouvais assister – c'était un excellent « preneur de notes », à la fois pour le fond et la forme – et, le samedi matin, je partais au volant de la 2 CV que j'avais réussi à acheter pour suivre les travaux pratiques, eux obligatoires. Par tradition, les facultés de droit sont rarement des hauts lieux de la contestation intellectuelle ou sociale, et Strasbourg ne dérogeait pas à la règle. Les bâtiments étaient superbes – ils avaient été construits avec du marbre commandé pour la construction d'un palais en Côte-d'Ivoire, mais Houphouët-Boigny ayant renoncé au projet, l'université avait, je ne sais trop comment, récupéré les matériaux – et la parole magistrale se voulait à la mesure de la dignité des lieux, tout en restant conforme aux canons de la bien-pensance juridique.

J'ai pourtant le souvenir de personnalités remarquables, dont une femme, Mme Huet-Weiler, qui enseignait le droit civil, et un professeur de droit pénal, Jacques Léauté, à qui je dois sans doute mon orientation future. Il dirigeait l'institut de criminologie de Paris et faisait de chacun de ses cours, sans en brader l'efficacité pédagogique, une prodigieuse histoire à suspense. Son amphi était toujours comble, et je jonglais avec mes emplois du temps pour pouvoir l'entendre le plus souvent possible. Et, pour l'anecdote, je potassais l'économie dans l'ouvrage de Raymond Barre, d'ailleurs remarquable de clarté, qui faisait autorité en la matière.

Ainsi, à une époque où je n'avais pas la moindre prémonition de la carrière politique que j'entreprendrais, deux noms m'étaient familiers pour de tout autres raisons : celui de Jacques Chirac parce qu'il avait été major à Saumur, et celui de Raymond Barre parce qu'il occupait mes veilles d'étude...

J'ai obtenu ma licence de droit en 1968 – une année, ironisent mes enfants, où « on l'a donnée à tout le monde », ce dont je me défends en leur faisant remarquer que ce fut avec mention. Une mention modeste – assez bien – mais dont je reste plutôt fier, compte tenu des conditions dans lesquelles j'avais mené ces études.

Mai 68... Les « événements » me tombèrent dessus sans que, je l'ai dit, je les aie vraiment prévus. Dans le lycée où je travaillais, la réaction des enseignants fut extrêmement réticente : ce qui se profilait de changements dans les relations entre élèves et professeurs, les tétanisait, à quelques exceptions près. Et s'y ajoutait l'habituelle défiance de la province envers un mouvement né dans la capitale. Dès les premiers jours, j'eus la désagréable surprise d'entendre, de la bouche d'enseignants jusque-là insoupçonnables, des phrases fâcheuses sur les jeunes leaders parisiens. Assez peu voyaient que naissait là un autre rapport au quotidien, qui durerait bien au-delà des manifestations exubérantes du moment, et que « l'imagination au pouvoir » était, plus qu'un slogan pour « enragés », l'expression d'une demande impérieuse de cette immense partie de la société qu'aliénaient soit des conventions désuètes, soit des conditions de vie insupportables. Pour eux, le « changement » risquait surtout d'ébranler les modestes acquis d'un pouvoir, pourtant souvent chahuté, exercé sur des générations de potaches. Somme toute, était-ce une attitude si différente de celle des « petits chefs » de Peugeot ? Mon indignation fut à la mesure de ma jeunesse – et de mon propre enthousiasme. Je ne m'attardai pas à analyser les avancées, les impasses ou les limites du mouvement – on en disserte d'ailleurs encore. Une seule chose m'importait : jamais le mot « mouvement », justement, n'avait eu tant de sens. Et, bien sûr, « j'en étais ».

À l'université de Strasbourg, l'atmosphère était différente : on ne cessait de discuter avec passion dans des AG surchauffées que pour défiler dans les rues ou se retrouver à de grandes fêtes où l'on « fraternisait » dans l'euphorie. Je me souviens ainsi d'un extraordinaire concert donné par les Percussions de Strasbourg sur les marches de la faculté de droit, qui mit à son comble notre exaltation. Je n'ai aucune raison de mettre en doute la sincérité de mes condisciples d'alors, bien qu'ils fussent en grande majorité issus des classes sociales les mieux pensantes, et les mieux nanties, de la région. Mais l'enjeu, pour eux, relevait plus de la conquête d'une liberté joyeuse face aux pesanteurs de leur milieu que de la libération, autrement décisive, que revendiquaient mes anciens camarades de Sochaux.

C'est surtout avec eux que j'ai vécu ces semaines de mai et juin. Parcc que Sochaux était plus près de chez moi que Strasbourg. Mais aussi pour une proximité qui n'avait rien de géographique : là était mon monde, ma logique de vie, dirai-je. Et ce l'est toujours. J'ai bien sûr acquis les savoir-vivre et les savoir-faire d'autres univers, mais je m'y sens toujours un peu comme dans un rôle de composition. Je connais et pratique les codes. J'en joue même, s'il le faut. Ils me demeurent cependant extérieurs, utiles en tant qu'instruments mais étrangers à ma vérité.

Ces semaines furent d'un enthousiasme aussi vivant que celui des étudiants, mais d'une tonalité différente : plus âpre, plus revendicative aussi. Et la réponse des « forces de l'ordre » fut, elle aussi, différente. Sur le pont de Ludwigsburg, entre Sochaux et Montbéliard, la vision des chars et des bataillons de CRS casqués faisait basculer le rêve libertaire, ponctué de fêtes et de proclamations lyriques, en une rude réalité de combat : les stratégies d'encerclement et de contournement n'eurent bientôt plus de secrets pour moi. Mais ce n'était pas un jeu ; les colères et les frustrations s'étaient depuis si longtemps accumulées que les affrontements furent très violents, et, alors que ce fut miraculeusement épargné au reste de la France, il y eut deux morts à Sochaux.

Puis vinrent les accords de Grenelle, et la mise sous le boisseau des espérances révolutionnaires – à supposer que la révolution ait été un moment l'objet de ce mouvement. Je n'en fus pas amer, mais plutôt conforté dans ma conviction que l'indispensable changement, encore à venir, se ferait par une action « de l'intérieur », et en particulier par une profonde mutation interne des partis : je l'ignorais encore, mais j'avais déjà décidé de me confronter à la politique.

Pendant ma quatrième année de licence, j'avais préparé le CAPA – le Certificat d'aptitude à la profession d'avocat – que l'on passait en octobre, une fois acquis les résultats de la licence. Il était assez logique que, dans l'ensemble des carrières juridiques, je choisisse celle-là, à la fois pour des raisons de conviction et de nature personnelle. Prendre en main une cause, argumenter, remporter l'adhésion, ou du moins contraindre la partie adverse à reculer, satisfaisait en moi des élans et des goûts profonds : celui du combat comme celui de la séduction, mais dégagés de leur brutalité première, tout entiers placés dans l'exercice de la parole, et moins assujettis à la satisfaction immédiate de désirs individuels que tournés vers autrui. C'est une grande chance, je le mesure, que de pouvoir exercer une fonction où l'on ne nie rien de ce qu'on est mais où l'on peut en faire un accomplissement, et non un déchirement. Peugeot m'avait fait vivre l'expérience inverse, et je ne pouvais pas l'oublier. Ni pour moi, ni pour les autres.

J'avais eu au lycée un camarade, Pierre Netter, dont le père avait à Belfort un cabinet d'avocats. Georges Netter habitait lui aussi Montreux-Château et, sans nous connaître vraiment, nous nous étions quelques fois rencontrés. Il avait été très déçu d'apprendre que son fils n'envisageait pas de reprendre son cabinet et il savait que je faisais mon droit. C'était un homme exquis, remarquablement intelligent et cultivé, et d'un humanisme raffiné qui confinait à l'idéalisme. Il était franc-maçon, « Grand Orateur » au Grand Orient de France – une fonction qui le passionnait et à laquelle il consacrait la plus grande partie de son temps – et il menait son cabinet avec beaucoup d'élégance, mais pas mal de dilettantisme. Homme de gauche – il s'était plusieurs fois présenté aux élections sous l'étiquette des radicaux –, il avait dû s'intéresser à mon itinéraire d'« enfant de la République ». Un jour que je le rencontrais sur le quai de la gare, il m'interrogea sur mes études et mes espoirs de réussite. Je lui dis que j'y croyais, mais qu'il me restait deux ans à faire... « Qu'à cela ne tienne, me répondit-il, viens me voir quand tu auras terminé. Je te prendrai comme stagiaire. Je te garde la place. » Et il a tenu sa promesse.

J'ai été stagiaire quatre ans – la procédure habituelle avant d'accéder au « grand tableau » qui donne le titre d'avocat. Et c'est Georges Netter qui m'a introduit dans une profession que, sans lui, j'aurais eu quelques difficultés à pénétrer. Il dirigeait son cabinet en artisan plus qu'en gestionnaire, ce qui est une qualité, mais il gardait une vision très traditionnelle de son métier et des dossiers à suivre. Or, en ces années qui ont suivi 68, une foule d'affaires d'un nouveau genre sont apparues, liées à des conflits sociaux que, désormais, on n'hésitait plus à affronter. Je n'entends pas donner ici une analyse de 68 et de ses conséquences, mais je peux dire ce que j'en vis, à l'époque, en tant qu'avocat. Dire que la parole circulait comme jamais auparavant ne signifie pas seulement que, dégagé de la pesanteur des conformismes, on discutait mieux, davantage, plus librement. Cela signifie surtout qu'un peuple longtemps mutique eut soudain accès au langage. On a beaucoup ironisé sur ces cohortes de jeunes étudiants qui décidèrent de « rejoindre le prolétariat », et il est vrai qu'il y eut bien des naïvetés dans ces démarches. Mais ils apportaient à ce « prolétariat » quelque chose d'une extrême importance : leur aptitude à la formulation, leur aisance dans le débat, qui avaient si longtemps été confisquées au seul bénéfice d'une « élite » sociale. Et cet apport-là ne fut pas sans conséquences, y compris dans l'émergence d'une nouvelle génération de syndicalistes, de politiques, composée d'hommes et de femmes qui cessèrent de se sentir interdits de parole. Jamais le fameux « Il est interdit d'interdire » n'eut de sens plus profond.

Mon activité professionnelle fut assez vite « marquée » : une ou deux affaires me donnèrent rapidement la réputation d'être l'avocat des gauchistes et maoïstes de la région. Une réputation qui n'était d'ailleurs pas usurpée et que, partie par provocation, partie par conviction, je prenais soin d'entretenir. Au point que j'en étais devenu la bête noire des magistrats et des forces de police de Sochaux et Montbéliard : dès que je devais plaider, les salles d'audience s'emplissaient. D'une petite part, je veux le croire, d'admirateurs de mon éloquence. Mais surtout d'une très grande part de policiers en civil dont l'hostilité à couper au couteau était supposée limiter mes emportements. Une hostilité dont les signes m'accompagnaient bien avant mon entrée dans le prétoire. Chaque fois que j'allais officier au palais de justice de Montbéliard, il me fallait traverser une série concentrique de cordons de police dont l'importance aurait pu faire penser qu'on redoutait une terrible émeute. Évidemment, il n'en était rien : il s'agissait de me faire sentir, quasi physiquement, quel rejet et quel mépris je suscitais. Pour enfoncer le clou, et prolonger l'épreuve, on contrôlait au moins dix fois mon identité, alors que j'étais fort bien connu, en me demandant d'exhiber ma carte d'avocat : s'il y avait peu de commentaires – la robe noire en imposait quand même –, que dire des regards !

Avec le recul du temps, je ne peux guère en vouloir aux policiers. L'époque, qu'on s'en souvienne, ne faisait pas vraiment dans la dentelle. Les jeunes gens que je défendais appliquaient à la société ce qu'on nommait alors une « stratégie de rupture », laquelle supposait qu'on employât des méthodes de contestation plutôt musclées. J'ai ainsi le souvenir d'avoir défendu un jeune garçon, Yves Cohen – un prototype du jeune maoïste de l'époque. Fils d'un directeur des *Lettres françaises* membre éminent du PC, Yves avait interrompu ses études pour entrer chez Peugeot et « lutter aux côtés du prolétariat ». Au cours d'un méchoui organisé pour « la classe ouvrière » où les forces de l'ordre avaient fait irruption, il avait, dans l'affrontement qui s'était ensuivi, cassé le bras d'un policier. Le système « provocation-contre provocation » jouant à plein, de part et d'autre, on se traitait allégrement d'« assassin ». Et il faut bien dire que je ne lésinais pas dans la surenchère, face aux quatre-vingts paires d'yeux qui, dans la salle du tribunal, me fusillaient.

Pour autant que je puisse les reconstituer, il y avait à cela, pour moi, des raisons mêlées. D'une part, à l'évidence, une certaine délectation à jouer les « affreux jojo » : j'étais entré dans une carrière marquée par une exigence de respectabilité qui ne faisait pas partie de mon héritage, et voilà qu'une conjoncture historique non seulement m'autorisait mais m'imposait presque, dans le strict respect de mes devoirs de défenseur, de me conduire en trublion, de faire un pied de nez à tous les « bien-pensants » ! Il y avait de quoi jubiler. À cela s'ajoutait, de manière plus raisonnée, une analyse politique : l'état du pays était tel que les indispensables réformes, pour imposer leur nécessité, avaient tout à gagner de ces « forces d'ébranlement » que représentait une jeunesse sans doute excessive dans son expression mais légitime dans ses aspirations. Et je suppose qu'être devenu un personnage qui comptait, dont on parlait – fût-ce pour, dans certains milieux, en dire pis que pendre –, n'était pas pour déplaire à l'ancien gamin intimidé, à l'ancien ouvrier humilié...

Ce statut un peu voyant n'était évidemment pas du goût de tous, singulièrement dans le monde feutré de la magistrature. Si Georges Netter ne semblait pas s'en soucier outre mesure, dans son entourage on ne manquait pas une occasion de me laisser entendre que, franchement, je n'étais guère à ma place dans un aussi respectable cabinet. À tout moment, on entrait un mètre à la main dans la petite pièce qui me servait de bureau et on se mettait ostensiblement à mesurer l'endroit. « Ne vous dérangez surtout pas, me lançait-on, je viens juste prendre les mesures ! » « C'est, ajoutait-on en appuyant sur les mots, que nous avons l'intention de faire de cette pièce une salle de bains supplémentaire... » Le lendemain, c'était un dressing-room, une seconde chambre d'amis, ou une pièce pour le repassage : difficile de me faire plus clairement entendre qu'on attendait impatiemment que je vide les lieux ! Ce n'était pas bien méchant, mais passablement agaçant. Comme la nouvelle clientèle qui faisait appel à moi me permettait désormais de vivre, sans opulence mais avec un début d'aisance, de mes seuls honoraires, je décidai de monter mon propre cabinet.

Ce fut quand même assez dur. J'avais désormais la responsabilité de quatre personnes : en 1969 nous étaient nés des jumeaux, Fabian et Lionel. Nous avions souhaité cette naissance mais nous ignorions, en achetant le landau et la layette, qu'il allait falloir tout multiplier par deux. Fabian et Lionel étaient – sont – de « vrais jumeaux », et il fut pendant longtemps difficile de les distinguer tant ils se ressemblaient – n'étaient les cinq cents grammes de différence qu'ils ont curieusement conservés jusqu'à l'âge adulte.

Je n'ai pas été pour eux un père très vigilant, et j'en ai un vrai regret : leur enfance a coïncidé avec le début de ma carrière, puis mes premiers engagements politiques, et ma présence auprès d'eux était plutôt intermittente. Par chance, ils ont su l'un et l'autre se construire la vie qui correspondait à leurs désirs, Lionel en devenant un époux heureux, Fabian en entreprenant des études de droit, puis en se spécialisant en droit européen, au terme d'une année passée à Glasgow.

Choisir l'Écosse pour cette spécialité était à peu près aussi incongru, il faut l'avouer, que, pour moi, se rêver pilotin au cœur du Territoire de Belfort. Décidément, les Forni, toutes générations confondues, ont le goût des itinéraires originaux : on le devine, je ne m'en désole pas. Fabian n'en est pas moins devenu pour moi un collaborateur précieux.

C'est en 1972 que survint l'« affaire Mercier ». Elle paraîtra sans doute au lecteur d'aujourd'hui relever du haut Moyen Âge – et encore : les femmes, du moins certaines, disposaient alors d'une plus grande liberté que les jeunes filles du début des années soixante-dix. En dépit, ou peut-être à cause, de la loi Neuwirth, votée en 1967, qui autorisait la contraception – de Gaulle s'y était farouchement opposé, refusant, disait-il, de « sacrifier la France à la bagatelle » ! –, certaines classes de la société restaient cramponnées à une vision de l'« ordre moral » qui imposait qu'une femme restât, du moins jusqu'au mariage, dans une totale méconnaissance des réalités sexuelles. La seule idée d'aborder ce type de question devant des adolescentes, dans le cadre d'un enseignement, était une impensable subversion.

Un excès en suscitant souvent un autre en réponse, fut alors diffusé dans tout le pays ce qu'on appela le « tract du Dr Carpentier », qui prônait sans beaucoup de nuances une libération sexuelle tous azimuts. Des deux côtés, on s'enflamma : pour les uns, le monde occidental vacillait ; pour les autres, devait se lever l'aube de toutes les libertés, y compris celles du corps. Au milieu de ce tumulte, Nicole Mercier enseignait la philosophie dans le lycée de jeunes filles de Belfort, le lycée Courbet, où se retrouvait toute la bonne bourgeoisie de la ville. Et Nicole croyait à l'éducation sexuelle. Elle pensait utile, pour ses jeunes élèves – des jeunes élèves qui avaient pour la plupart dix-huit ans ! –, de réfléchir sur les tabous, sur les droits et les devoirs qu'implique une sexualité heureuse. Mais le seul mot de « sexualité » était lui-même tabou...

Le malheur voulut qu'elle ait dans sa classe la fille d'un colonel, le colonel Jaujard, qui était une véritable caricature de militaire. Il était revenu d'Indochine le visage balafré par un coup de sabre et menait sa famille avec la même poigne que son régiment. Son sang ne fit qu'un tour quand il apprit de quelles « obscénités » on parlait en cours de philo. Il bondit au tribunal pour y rencontrer un autre personnage tout aussi excessif, le procureur Stamm. Lui était un magistrat de la vieille école, figé dans un rigorisme glacé, qui appartenait à une congrégation très sectaire de l'Église catholique, « Les Silencieux de l'Église ». On imagine la conversation : il ne leur fallut pas longtemps pour se persuader que le sort de la civilisation dépendait d'eux – point leur était besoin de préciser « la civilisation occidentale », puisqu'il ne saurait évidemment y en avoir d'autre. Et concernant celle-ci, il était tout aussi évident que la barbarie, le stupre et la débauche étaient à ses portes. Engager des poursuites contre Nicole Mercier pour « outrage public à la pudeur » relevait, au moins, du devoir national.

Une instruction fut donc ouverte. Le juge chargé de l'affaire était plutôt un brave homme, mais il avait fait une partie de sa carrière comme magistrat militaire à Berlin, Belfort était son premier poste civil, et il n'avait nulle envie de faire trop de vagues : on lui demandait d'ouvrir une information, il ouvrait... Nicole Mercier fut donc convoquée, et me choisit comme défenseur. Ce choix en étonna beaucoup : je n'étais encore qu'avocat stagiaire, ma notoriété était limitée, et la cause promettait de prendre une dimension nationale, tant elle était au cœur d'un débat de société qui alimentait en chroniques et points de vue les rubriques « Débat » des grands journaux. Quelques ténors du barreau, dont Gisèle Halimi, tentèrent de convaincre Nicole qu'elle commettait une terrible erreur en me confiant ses intérêts, mais elle n'en démordit pas. L'enjeu personnel et professionnel était pour moi capital, et je me jetai dans la bagarre avec passion.

L'instruction, qui dura plusieurs mois, ne fut pas ordinaire : il n'y avait pas à l'époque de « mise en examen » mais bien une « inculpation », avec toutes les connotations péjoratives du terme, et beaucoup s'en étaient émus, très au-delà du cercle des zélateurs du Dr Carpentier. Il en allait effectivement d'un certain rapport de la justice et de la société, et du retard que prend souvent la première sur la seconde, à certains moments où les mutations s'accélèrent. Le possible conflit entre la *légalité* – qui statue en droit sur ce qui est permis et ce qui constitue un délit – et la *légitimité* – qui relève, elle, de l'appréciation que se fait l'opinion d'une conduite ou d'un comportement – est une constante de la justice, Montesquieu ou Rousseau en ont posé les termes de manière lumineuse. Et nous étions, en 1972, à un de ces moments où les lois n'apparaissent plus du tout en phase avec certaines évolutions de l'opinion, surtout concernant « les mœurs », comme dirait encore Montesquieu. Il y eut donc un très large mouvement de soutien à Nicole Mercier, dans le cadre d'un comité national que j'avais suscité, et qui recueillit des milliers de signatures.

Sur place, à Belfort, on réunit plus de deux mille personnes pour entendre une conférence du Dr Carpentier sur l'intérêt de l'éducation sexuelle à l'école, et la moindre comparution de l'« inculpée » réunissait des centaines de personnes devant le palais de justice. J'ai le souvenir d'une de ces dernières comparutions. Il y avait bien trois mille personnes rassemblées ce jour-là, scandant « Libérez Nicole Mercier ! » – qui d'ailleurs n'avait jamais été incarcérée –, quand j'ai monté avec elle les marches du palais. Devant la porte, image d'un crucifié pour l'Ordre et le Code pénal, se tenait, bras écartés, brandissant sa canne, le procureur Stamm, prêt à se faire piétiner par les hordes barbares qui voulaient anéantir les valeurs de la famille et de la décence. Et face à lui, moi, qui exigeais avec véhémence que fût procédé à un constat d'huissier prenant acte de ce que, contrairement à la loi, l'accès du palais de justice était interdit au peuple souverain. Ce fut une belle, et assez joyeuse, empoignade. Pour être franc, aucune des deux parties ne faisait dans la nuance, ni Stamm et son comparse le colonel, ni mes amis et moi, qui n'avions pas de mots assez cruels pour ridiculiser ces personnages moliéresques...

À la Chancellerie, on commençait à trouver que l'affaire faisait bien du bruit pour peu de chose mais on hésitait devant un rappel du procureur à la raison : tout ce qui rappelait 68 et ses élans « permissifs » traumatisait littéralement une partie du pouvoir de l'époque. Quant au juge d'instruction, il nous était plutôt acquis, mais il ne savait trop quelle attitude prendre : se mettre à dos le parquet était se condamner à une situation très inconfortable. Les choses traînaient donc quand je partis pour les fêtes de fin d'année en Allemagne.

Le 2 janvier 1973, j'étais sur la route du retour, à peu près à la hauteur de Hanovre, quand je crus discerner dans les crachotements de la radio le nom de Nicole Mercier. J'ai très vite cherché un parking, et je me suis mis à triturer les boutons du poste pour tenter de capter une longueur d'onde audible. Au bout de quelques minutes, ce fut le flash d'information. Et en ouverture, cette nouvelle : « Une ordonnance de non-lieu vient d'être rendue ce matin, dans l'affaire Nicole Mercier, par le juge chargé de l'instruction... » Sur ce parking d'autoroute, au fin fond de l'Allemagne, je me suis mis à trembler de bonheur : j'avais, nous avions gagné ! Inutile de dire quelle fête ce fut à mon arrivée à Belfort.

Mieux valait d'ailleurs faire au plus vite la fête, car si Nicole Mercier voyait s'éloigner les tracas judiciaires, on ne peut pas dire que les mentalités de certains changèrent radicalement : un « ordre moral » frileux, figé dans ses archaïsmes, avait encore de beaux jours devant lui. Simone Veil en fit la très douloureuse expérience en 1974, lors du débat sur l'IVG. Rien ne lui fut épargné, ni les fœtus brandis dans des bocaux de formol, ni le spectre des camps de concentration où, adolescente, elle avait été déportée. Chez certains, l'ignominie fut ces jours-là à son comble, et je n'oublierai jamais, parce que j'en fus le témoin indigné, les larmes de cette femme de courage et de cœur. Je veux croire que de telles outrances et de tels outrages ne seraient plus tolérés mais je ne suis pas vraiment sûr que ne se manifestent pas encore d'obscurs ressentiments à l'encontre de celles et ceux qui ont voulu, et qui veulent encore, mettre la loi à l'écoute de la société.

Je suis avocat et il y a traditionnellement, entre avocats et juges, une certaine défiance à laquelle j'avoue ne pas échapper totalement : humaine, la justice est par nature faillible, et nous tolérons très mal ses possibles erreurs. C'est que la justice est une institution vécue et ressentie d'une manière bien particulière. Il reste toujours en nous, et c'est heureux, de l'enfant pour qui ce qui « est juste » ou « pas juste » est d'une importance capitale, et dont la méconnaissance ou le déni laisse un souvenir de violence inacceptable, quelle que soit la gravité objective des enjeux. Qui n'a le souvenir d'avoir été « accusé » – à tort – d'avoir cassé un objet, copié un bout de sa rédaction, trahi un « secret » ? Et qui n'a alors rêvé d'une justice immanente qui rétablirait instantanément le bon et le vrai, et confondrait délateurs ou coupables ?

Mais la justice n'est pas seulement ce lieu fantasmé, c'est l'un des trois pouvoirs majeurs qui fondent la gouvernance d'un pays, avec les pouvoirs législatif et exécutif. Et lorsque son indépendance et son impartialité, donc sa rigoureuse séparation des deux autres pouvoirs, sont mises en cause, fût-ce au travers d'un petit nombre d'affaires, c'est le pacte républicain tout entier qui est remis en cause. La réforme constitutionnelle du Conseil supérieur de la magistrature, qui donne propositions et avis sur la nomination des hauts magistrats, devait consacrer cette indépendance et cette impartialité de la justice vis-à-vis du garde des Sceaux, membre du gouvernement, donc de l'exécutif. Mais elle n'a pas été votée, alors que la majorité des députés et des sénateurs avait adopté ce projet : Jacques Chirac s'y est opposé, en janvier 2000, en refusant de réunir les deux assemblées pour la faire adopter par le Congrès. Cette décision cause un grand tort à l'institution judiciaire, et à la confiance que lui portent les Français pour qui, dans une société de plus en plus mobile et imprévisible, la justice demeure l'un des ultimes recours.

Les magistrats, dans leur grande majorité, font un travail excellent, même si juger est un métier difficile. Depuis quelques années, leur pratique judiciaire a changé : les juges ont tendance à se livrer à des investigations plus poussées et qui remontent plus haut dans les hiérarchies, conformément d'ailleurs au principe d'égalité de tous devant la loi pénale. Cette évolution traduit une volonté d'indépendance plus affirmée que par le passé, et cela est vrai pour les magistrats chargés de l'instruction comme pour les magistrats du parquet depuis que le gouvernement a décidé de cesser de donner des instructions aux procureurs dans les dossiers pénaux individuels.

Une exception pourtant, au regard de ce principe d'égalité devant la justice : les dirigeants politiques, qui ne sont pas traités comme des citoyens ordinaires. D'une part, ils bénéficient moins que d'autres de la présomption d'innocence en raison de la violation fréquente du secret de l'instruction, et de l'effervescence médiatique qui accompagne toute mise en examen de l'un d'eux. D'autre part, certains juges d'instruction préfèrent les renvoyer à une juridiction de jugement plutôt que de prononcer un non-lieu, se dispensant ainsi d'apprécier si l'affaire mérite ou non d'être jugée. La situa tion faite à Dominique Strauss-Kahn, contraint de s'éloigner de toute vie publique pendant deux ans avant d'être relaxé par le tribunal correctionnel, est de ce point de vue tristement exemplaire. Comme est exemplaire le cas de Christian Proust, président du Conseil général de Belfort, qui fut incarcéré quinze jours à l'époque de l'affaire Gigastorage, et qui attend depuis plus de cinq ans la clôture de l'instruction pour que justice lui soit rendue. Si le non-lieu semble être, aux yeux des juges d'instruction, la reconnaissance d'une erreur, le renvoi devant le juge pénal paraît relever de l'inquiétude du résultat pressenti. La justice est une autorité, elle ne doit pas se dévoyer et se perdre en s'arrogeant d'autres fonctions.

La nouvelle autonomie acquise par des juges, qui disposent de pouvoirs considérables, devrait s'accompagner d'un accroissement de leur responsabilité. Bien évidemment, le magistrat ne peut être tenu pour personnellement responsable des conséquences des décisions de justice qu'il prononce, d'autant que la loi prévoit la possibilité d'exercer des recours pour réviser les jugements qui comporteraient une erreur. Aller au-delà et sanctionner le juge conduirait à paralyser le fonctionnement de la justice.

Reste que la justice peut causer des dégâts graves et irréversibles. La loi constitutionnelle réformant le Conseil supérieur de la magistrature, dont le président de la République a empêché l'adoption, devait être suivie d'une loi organique prévoyant justement de faire évoluer la responsabilité de l'État et celle des magistrats. Aujourd'hui, la loi ne rend l'État responsable qu'en cas d'injustice grave : les justiciables peuvent recevoir un dédommagement à la condition d'avoir été victimes d'une détention provisoire injustifiée ou d'une faute lourde – une « déficience caractérisée » selon la jurisprudence – commise par la justice, alors que la réforme avortée prévoyait de substituer la reconnaissance d'une « faute simple » à celle de la « faute lourde » préalablement exigée pour que le citoyen victime d'un mauvais fonctionnement du service public de la justice obtienne une réparation de la part de l'État.

De même, le projet de loi modifiait les conditions dans lesquelles les magistrats doivent personnellement rendre compte de leurs fautes professionnelles. Les poursuites engagées et les sanctions prononcées par le Conseil supérieur de la magistrature, chargé de cette fonction disciplinaire, sont fort peu nombreuses, même si les poursuites sont bien plus fréquentes depuis une dizaine d'années. Six sanctions en moyenne sont prononcées chaque année, et il s'agit le plus souvent de débordements de la vie privée, d'indélicatesses financières, très rarement d'insuffisances professionnelles. Le projet de réforme, qu'il faudra bien faire aboutir, définissait plus précisément les obligations déontologiques des magistrats, créait une commission pour examiner les plaintes des justiciables et élargissait à tous les présidents de cour d'appel la possibilité, aujourd'hui dévolue au seul garde des Sceaux, de saisir le Conseil supérieur de la magistrature comme juge disciplinaire.

Car la justice est aussi un service public, et les Français, en tant qu'usagers, attendent beaucoup de son exercice quotidien. Les préoccupent l'accès au juge, les délais de jugement, le coût des procès. Il y va, pour le fond comme pour les formes, de la démocratie. Or il existe un moyen pour l'État d'asservir la justice, c'est de la laisser dans une situation matérielle si précaire qu'elle ne soit pas en mesure d'exercer correctement ses missions. L'institution judiciaire a longtemps été une parente pauvre dans la répartition du budget de l'État. Toutefois, depuis plusieurs années, un effort sans précédent a été consenti pour permettre à notre système judiciaire d'assurer ses missions et, d'ici quatre ans, il est prévu de recruter mille trois cents nouveaux magistrats. J'ai bon espoir que la perception que les Français ont de leur justice puisse enfin changer.

V

Depuis 1965, j'étais membre de la SFIO, puis du Parti socialiste, ce qui m'avait paru une conséquence logique de mon engagement syndical et de mes convictions concernant la vanité d'espérances révolutionnaires. Mais, je l'ai dit, j'attendais des partis traditionnels une véritable évolution, qui les rendît plus attentifs aux changements en cours dans la société. Toutefois, je n'envisageais guère d'y participer autrement que par les prises de position ou les actions dont mon métier d'éducateur, puis d'avocat, me donnaient l'occasion.

La première fois où j'ai sollicité les suffrages de mes concitoyens, je ne crois pas avoir eu le sentiment d'« entrer en politique » : se présenter au conseil municipal de Montreux-Château, en 1971, demeurait une « démarche de proximité », comme on dit aujourd'hui. Pourtant, à y repenser, il est probable que j'ai pris là un certain virus : le goût de mener une campagne, d'animer une équipe, de tester des idées et des méthodes, de ferrailler avec des adversaires, au nom d'une certaine vision du monde et de l'avenir. Au travers de représentations enfantines, le jeune garçon qui s'était rêvé missionnaire ou capitaine de cargo avait manifesté son double besoin de convictions à faire partager et d'aventures à entreprendre. Les horizons de Montreux n'avaient pas le mystère des terres et des cieux d'outre-mer, mais j'avais appris de la vie que les lieux les plus proches pouvaient être de terribles jungles, des espaces de barbarie d'autant plus redoutables qu'ils étaient à chacun familiers, et que les exactions qui s'y perpétraient ne choquaient pas grand monde.

Montreux – n'exagérons rien – n'était pas, loin s'en faut, une jungle. Simplement, on s'y ennuyait ferme, et rien ne semblait devoir y bouger. Depuis des décennies, la municipalité était dirigée par le même maire de droite, Georges Mercelat – hormis pendant un bref moment, dans l'immédiat après-guerre, où ses sympathies vichystes lui avaient fait préférer un grand bourgeois radical, Georges Helminger. Puis, passé ces turbulences, l'ancien maire avait retrouvé sa mairie, et Montreux était retombé dans une douce somnolence.

Or, en 1971, on est au lendemain de 68, et nous sommes un certain nombre à nous exaspérer de cette apathie : nous avons des désirs, des idées, et le terrain municipal nous paraît un bon endroit pour les faire connaître, et pour en apprécier l'impact. De plus, l'enjeu étant local – et peu représentatif aux yeux des états-majors nationaux –, nous avons de bonnes chances de n'y être pas soumis aux strictes lignes politiques desdits états-majors. Ce qui satisfait ceux qui sont prêts à s'engager dans l'aventure : certains, comme moi, parce que la SFIO de l'époque est loin de combler toutes leurs aspirations ; d'autres parce que, bien que d'une sensibilité « de gauche », ils ne souhaitent s'inféoder à aucun parti ; d'autres enfin par lassitude de ce pouvoir immobile.

D'emblée, il fut convenu que, si le résultat nous était favorable, je ne postulerais pas pour la fonction de maire : j'étais l'un des plus jeunes, et je n'avais aucune expérience de ce type de mandat alors que, parmi notre équipe, certains avaient siégé dans les précédents conseils municipaux. Aujourd'hui, je m'en félicite : absorbé par cette tâche, je n'aurais peut-être pas participé au scrutin de 1973, où je fus élu député pour la première fois.

Il n'empêche que je me suis lancé tête baissée dans la bataille. Ce fut, pour Montreux, une campagne étonnante, aux antipodes des habitudes qui y avaient cours. Par tradition, dans ce pays réservé et « taiseux », une campagne se menait discrètement, à coups de conciliabules, de poignées de main rapidement échangées, de petits signes connivents. C'est à peine si on voyait, ici ou là, une affiche, et « l'opposition » se faisait remarquer le moins possible. Notre choix fut à l'inverse : puisque nous avions quelque chose à dire, nous comptions bien le faire savoir haut et clair. Et, tout aussi clairement, signifier que cette manière de faire de la politique entre notables qui, somme toute, quelle que soit leur étiquette, obéissaient aux mêmes codes, était révolue.

Pour nous entendre, on nous a entendus ! Le maire avait, pendant la campagne, décidé de distribuer du lait aux personnes âgées, dont la situation était effectivement difficile, en ces années soixante-dix où les retraites étaient très faibles. Il passait ainsi, avec ses colistiers, de maison en maison, et en profitait bien sûr pour suggérer le « bon vote ». Nous avons alors équipé la camionnette d'un de nos camarades de liste, Jean Gil, d'immenses affiches proclamant : « Méfiez-vous du lait de l'intoxication ! », et nous avons ainsi sillonné les rues de Montreux. Dans cette petite commune d'un millier d'habitants, c'était la révolution.

Le pari était risqué : nous pouvions davantage choquer que convaincre, et susciter un réflexe de frilosité devant tant de nouveautés. Mais il apparut que nous n'avions pas surestimé le désir de changement, bien au contraire : non seulement le conseil municipal fut gagné par notre liste, mais la totalité de la liste adverse fut défaite, alors qu'il s'agissait d'un scrutin nominal où l'on pouvait panacher les candidats. Nous fûmes donc tous élus, et le conseil désigna comme maire Joseph Tanguy, qui fit deux mandats.

La « campagne de Montreux », si j'ose dire, m'avait passionné mais, je le répète, je n'envisageais nullement alors de briguer d'autres suffrages. Peut-être même ce succès, dans le village de mon enfance, avait-il pour vocation secrète de rédimer les angoisses et les humiliations de naguère, et de clore une période de ma vie, non d'en ouvrir une autre. Pour l'heure, je ne songeais qu'à retourner à mon métier d'avocat.

J'ai déjà dit combien je crois, d'expérience, à ces conjonctions de hasard extérieur et de nécessité intérieure qui dessinent les itinéraires personnels. 1971 avait vu le congrès d'Épinay. C'est précisément en 1971-1972 qu'apparut sur la scène politique belfortaine Jean-Pierre Chevènement, ce qui était également le fruit du hasard, lui bien antérieur, qui l'avait fait naître dans cette ville alors que ses parents étaient originaires du Russey, dans le Haut-Doubs. Énarque et féru de politique, il se cherchait un point d'ancrage, et le nom de Belfort lui avait paru bien venu : après tout, même de façon imprévue, il y était bel et bien né, ce qui induisait une forme de légitimité.

Ce choix était d'autant plus opportun que le Parti socialiste ne s'y portait alors pas très bien. À l'époque, l'esprit dynastique n'épargne pas cette gauche qui, à Belfort, s'incarne dans deux hommes : Michel Dreyfus-Schmidt, dont le père avait été maire et député, et qui avait été, lui, élu à la législative de 1967 avant d'être emporté par le raz-de-marée de droite qui suivit la dissolution de 1968 ; et Milo Géhant, également un homme de qualité, déporté à Auschwitz pour faits de résistance, qui fut un maire de Belfort plus qu'honorable. À qui s'ajoute Marcel Boulanger, un sénateur socialiste plus « sénateur » que nature – silhouette et allure comprises –, qui n'a pas marqué l'assemblée où il siégeait d'une empreinte indélébile mais qui ne manquait pas de subtilité politique, pour ne pas dire politicienne. Pressentant la montée de la gauche après la guerre, il s'était présenté au Sénat et y avait été élu alors qu'il n'avait pas l'âge requis. Son élection avait donc été invalidée mais, au jour du nouveau scrutin, il avait bien fêté son anniversaire et, les électeurs ne voulant pas se déjuger, il avait été réélu...

Aux jeunes hommes que nous sommes – nous avons tout juste la trentaine –, ce monde, pour respectable qu'il soit, paraît désuet, empêtré dans des luttes claniques de peu d'envergure, et davantage préoccupé de maintenir des rentes de situation que de réfléchir à un renouveau de la politique.

Justement, s'est créée dès 1966, au sein de ce qui est devenu, après le congrès d'Épinay, le Parti socialiste, une cellule d'études et de réflexion, le CERES. Et, d'entrée de jeu, sa manière de se situer m'intéresse : elle est à l'intérieur du parti, là où j'ai toujours pensé que devaient s'opérer les changements pour avoir un véritable impact ; elle ambitionne de sortir de la routine où s'enlisent les notables de la vieille SFIO ; elle tourne les yeux vers les plus jeunes qui, eux, rongent leur frein face à la défiance des anciens... Les fameux *Cahiers du CERES*, qui fustigent « l'irrationalité du système capitaliste et l'aliénation qu'il produit », sont le signe d'une pensée qui « bouge ». Plus globalement, ses militants se prononcent pour l'union PC-PS sur la base d'un programme commun de gauche, et sur la nécessité de revitaliser l'appareil sclérosé de la SFIO en recrutant des militants. Et, à l'époque, leur conception de l'« Europe socialiste », qu'ils opposent à une vision trop uniment économique du Marché commun, est une orientation à laquelle j'adhère profondément.

Or l'un des membres fondateurs du CERES est ce même Jean-Pierre Chevènement qui vient de choisir Belfort pour s'y faire reconnaître par le suffrage universel, lors de l'échéance électorale de 1973. Cette nouvelle bande est dynamique, sympathique, pleine d'idées, et je la rejoins avec enthousiasme, désormais prêt à m'engager à fond. À Paris, je rencontre Georges Sarre, Didier Motchane, Pierre Guidoni – le fonctionnement du CERES est encore assez collégial – mais je ne suis qu'un participant, réellement concerné mais assez peu impliqué dans le fonctionnement du groupe. Certains comportements me déconcertent vaguement – un côté « nous sommes entre *happy few* » – mais je me convaincs que je suis un néophyte, et que nombre d'enjeux m'échappent.

En cette année 1972, l'arrivée de Chevènement à Belfort ne se fait pas sans remous, sur fond de vieilles rivalités entre les Dreyfus-Schmidt et les Géhant. C'est d'ailleurs Milo Géhant qui, pour contrer les ambitions de Michel Dreyfus-Schmidt, avait suggéré à Jean-Pierre Chevènement son installation à Belfort. Une installation synonyme de relégation pour le premier puisque la désignation comme candidat socialiste pour la circonscription de Belfort-Ville allait lui échapper au bénéfice du nouveau venu, ce qu'il n'était pas disposé à accepter. Ce fut, entre les deux hommes, un combat violent qui a laissé des traces, et dont beaucoup se souviennent avec un certain malaise. L'affaire remonta jusqu'à la commission des conflits, au niveau national, qui statua en faveur de Chevènement.

Pour ma part, je n'étais encore dans tout cela qu'un acteur secondaire, et je m'étais tenu à l'écart de l'empoignade. Je l'étais d'ailleurs, dans les faits : la circonscription pour laquelle je m'apprêtais à demander l'investiture du parti, celle de Belfort-Campagne, n'avait jamais été tenue par la gauche et mes chances de m'y illustrer paraissaient extrêmement limitées. J'y gagnai au moins une appréciable liberté de mouvement.

La circonscription était alors tenue par Jean-Marie Bailly, qu'on avait surnommé le « belfortiche » en raison de sa remarquable aptitude à cumuler les mandats électoraux : il avait été élu député, puis nommé au gouvernement au poste de secrétaire d'État au Commerce et avait donc mis en place son suppléant. Peu après avaient eu lieu des élections sénatoriales auxquelles il s'était présenté, où il avait été également élu, et où il avait délégué sa fonction à un second suppléant. Cet empilement de mandats en faisait une exception constitutionnelle. Si l'on ajoute qu'il était également président du conseil général, maire de Belfort et président de l'office de HLM, on peut mesurer ce qu'était sa « surface » d'influence. Une surface excessive, peut-être même au regard de ses propres amis. Il avait été démis de ses fonctions gouvernementales et avait entrepris de se représenter dans sa circonscription d'origine, mais on commençait à se lasser de cet élu protéiforme. Reste que, confronté à lui, je faisais figure de kamikaze : on trouvait mon audace sympathique, mais on ne donnait pas cher de mes chances de succès. La situation me convenait : le défi était séduisant et j'avais peu à perdre en le relevant.

Avant même de songer m'illustrer dans ces législatives, il me fallait pouvoir tenter ma chance, donc être désigné comme candidat par mes camarades, selon la procédure usuelle au PS. Ma carrière politique faillit bien s'arrêter là, ou plutôt ne jamais commencer. Je n'étais pas le seul à prétendre représenter la nouvelle génération politique que le pays, j'en étais persuadé, attendait, et ma désignation n'eut rien d'une formalité. Pour les premiers compétiteurs, il ne me fut pas trop difficile de prendre le pas sur eux, mais, au dernier jour, restaient face à moi deux candidats, dont un instituteur,

Claude Hann, le responsable local de la Fédération des œuvres laïques, qui ne manquait pas de pugnacité. La dernière manche eut lieu devant la section de Beaucourt – que je devais retrouver plus tard dans des circonstances à peu près similaires. Convaincre les militants exigeait autant d'énergie, sinon plus, qu'obtenir les voix des électeurs. À l'ultime moment, notre rival commun, à Claude Hann et à moi, se désista et appela à voter en ma faveur. Je fus désigné candidat du Parti socialiste pour la circonscription de Belfort-Campagne à tout juste une voix de majorité : c'était en juin 1972, et la campagne allait durer dix mois.

Ce furent des mois éreintants mais extraordinaires. L'expression est convenue mais vraie : un souffle nouveau passait, nous nous sentions entourés d'une vraie sympathie. Nous étions jeunes – Jean-Pierre avait trente-trois ans, moi trente et un – et nous nous lancions dans la bataille sans outrecuidance mais sans complexe. Pour ma part, j'avais la chance d'avoir pour suppléant un homme exceptionnel, Pierre Mougin. Cet agriculteur de gauche – à l'époque, c'était déjà, en soi, une exception – avait mené plusieurs campagnes législatives, été conseiller général. Et il avait accepté, avec une très grande élégance, d'être le suppléant du débutant que j'étais. Son appui, dans ce combat, me fut très précieux. Ce n'était pas un bavard, mais il avait un poids reconnu de sagesse et d'humanité qui lestait le feu follet que j'étais encore. Je n'ignorais pas le monde de la campagne – j'y étais né et y avais passé mon enfance – et, comme je l'ai dit, je pus constater que mon nom était connu dans bien des villages que je parcourais : on se souvenait de mon père, les plus vieux de mon grand-père et de sa charrette de rétameur. Mais à dire vrai, ce nom était également connu pour des événements plus proches : l'« affaire Mercier » avait largement défrayé la chronique, et cette notoriété-là, j'en étais conscient, pouvait être à double tranchant – dans la campagne belfortaine de 1972, comment appréciait-on ma défense et illustration de l'éducation sexuelle? Nul doute que l'autorité morale indiscutée de Pierre me servit de caution.

La campagne fut, à une autre échelle, du même type que celle de Montreux : nous étions partout, tout le temps. Chacune des quatre-vingts communes de la circonscription fut visitée plusieurs fois. On multipliait les réunions, les interventions « contradictoires », à la stupeur de nos adversaires qui n'étaient guère habitués, de la part de l'opposition, à une telle énergie. C'est que nous avions conscience que la région était recouverte d'une gangue de docilité, de passivité, d'un immobilisme dont il était essentiel de prouver qu'il n'était en rien une fatalité. Nous exhibions le mouvement, en misant sur sa force d'entraînement.

Peu à peu, à certains signes – davantage de monde aux rencontres, des saluts de la main, des sourires dans les rues –, on eut l'impression que « ça prenait », que le basculement n'était pas impensable. Dans le local de campagne, le soir, on se racontait ces bonheurs du jour, et on repartait plus déterminés encore.

Franchement, je comprends mal ce rejet de l'engagement politique dont on nous dit qu'il est massif chez les jeunes. Et que, effectivement, on constate. Bien sûr, j'ai lu les études des sociologues, des politologues, des spécialistes de psychologie collective : ils analysent avec compétence les catégories mentales mises en jeu dans l'engagement ou le désengagement – l'altruisme ou l'individualisme, la perception de soi, le rapport à la dépendance. Mais ils oublient régulièrement d'en prendre une en compte : le goût du jeu. Et, qu'on me pardonne cet effet facile, du « je ».

Ce n'était certainement pas pour amorcer une carrière nationale que je m'étais engagé dans cette campagne, et j'avais sans doute peu réfléchi au fait qu'être député était fort différent d'être conseiller municipal. Cela – et quelques amertumes de la vie politique – je devais le découvrir plus tard. Simplement, je croyais à la cause que je défendais ; il y avait apparemment un défi difficile à relever et, j'ose le mot, je m'amusais. En somme, je m'intéressais aux idées, à la compétition – et à moi. Une trilogie plutôt satisfaisante pour qui aime vivre intensément. Tous les hommes politiques, j'en suis convaincu, ont une bonne dose de narcissisme. Il y a, ai-je lu, deux formes de narcissisme : l'une pousse vers les grandes causes, les utopies du bien ; l'autre se manifeste par la dévalorisation permanente d'autrui, les rêves de grandeur solitaire. Je pense avoir la chance d'être doté de la première forme, ce qui n'infirme pas l'importance de la place que tenait, et que tient, dans ce plaisir de l'action, la satisfaction de mon ego...

Cela n'alla pas sans de notables insolences : j'ai fait, à cette époque, des choses que j'hésiterais à refaire aujourd'hui. Au beau milieu de la campagne, le préfet du Territoire de Belfort imagina d'inviter Jean-Marie Bailly pour une tournée officielle qui devait le mener dans les communes relevant de la circonscription où nous étions l'un et l'autre candidats. À l'heure où, devant la préfecture, allaient s'ébranler les 403 noires – Peugeot oblige – qui formaient le cortège, préfet et autres officiels eurent la surprise de voir piler, à dix mètres d'eux, ma voiture. Je considérais, leur ai-je alors dit, qu'en cette période une telle visite s'inscrivait dans le cadre de la campagne électorale. Et que, étant moi-même très légalement candidat, il n'y avait aucune raison pour que je sois exclu du cortège organisé par le préfet, représentant non d'un parti mais de l'État.

L'affaire dura toute la journée : les officiels montaient en voiture, j'y montais ; ils roulaient, je les suivais ; ils descendaient de voiture, j'en descendais. Bien sûr, je ne disais pas un mot, j'écoutais même très courtoisement les allocutions, mais j'étais là. Après deux étapes, le téléphone ayant fonctionné, l'événement n'était plus, dans les villages, l'arrivée de l'ex-secrétaire d'État et du préfet, mais celle de cet olibrius dont la voiture freinait régulièrement à quelques mètres d'eux, et qui attendait, adossé à la carrosserie, que se déroule la cérémonie d'accueil. Aurait-on tenté de me tenir à plus grande distance que le désordre en aurait été accru : la foule, prévenue, attendait « son » gag, et il aurait été vain de prétendre retenir son attention avant que j'apparaisse. Et, même alors, c'était une attention toute relative, les regards allaient des autorités à moi, guettant, de ma part, une surenchère dont je me gardais bien : pas question d'être accusé de troubler l'ordre public. Mais quand Bailly, flanqué du préfet, se dirigeait vers les badauds, je les suivais et serrais comme eux les mains en disant : « Vous savez, il fait sa campagne ; moi, je fais la mienne. Donc, il est normal que nous soyons ensemble : il n'y a pas de raison qu'il prenne de l'avance »... À la fin de la journée, le préfet frôlait la syncope... Oui, je m'amusais.

Pas seulement, bien sûr. Inspirée par le programme commun de 1972, l'Union de la gauche se bat alors pour d'importantes avancées sociales. Elle prône certaines nationalisations, veut renforcer le pouvoir du Parlement, milite pour le désarmement et l'abandon de la « panoplie nucléaire ». Ces enjeux me mobilisaient : j'étais – nous étions tous – tendu vers cette seule perspective, gagner. Et j'y croyais, j'en avais même la certitude. Non par inconscience ou par mésestimation des difficultés, mais parce que cette certitude était ce qui continuait à nous faire avancer, en dépit des difficultés, de l'épuisement. Pourtant, il y avait des moments où tout vacillait. Un jour, je rencontre Marcel Boulanger, le sénateur. Chaleureux, sympathique. Il me serre les mains et me dit, avec un grand sourire : « Bravo, Raymond, vas-y. C'est bien ce que tu fais, c'est courageux. Tu seras prêt dans cinq ans. » La foudre était tombée sur moi. Mais qu'est-ce qu'il racontait, ce type, avec son « Tu seras prêt dans cinq ans » ? Ce n'est pas « dans cinq ans » que je voulais, que je devais gagner, mais tout de suite. Ma vie, je ne la pensais pas, je ne la sentais pas soumise aux rythmes sagement bourgeois des « investissements » à moyen terme. C'était *tout de suite* qu'il m'avait fallu réussir l'examen d'entrée en sixième ; *tout de suite*, à la première alerte, décider de quitter Peugeot ; *tout de suite*, reprendre mes études, en dépit de mon mariage et de ma jeune paternité. Le temps qui passe, cet allié des nantis, des installés, m'était, sinon un ennemi, du moins un obstacle qu'il me fallait sauter, à la cavalière.

Des jours, j'ai ressassé ma déception, et mon angoisse : étais-je vraiment si mauvais, qu'on ne me donnât aucune chance de l'emporter ? Et puis la rage m'a repris, son futur – « tu seras prêt... » – et ses lenteurs sénatoriales, Boulanger pouvait se les garder ! Mes compagnons et moi, nous étions dans le présent, et dans ce présent nous allions gagner. Il se plantait, et nous allions le lui prouver.

Nous avons gagné. Ce fut serré, mais Jean-Pierre Chevènement l'emporta à Belfort-Ville et moi à Belfort-Campagne. Nous avions organisé la « soirée résultats » dans le sous-sol de la salle des fêtes de Belfort, qui n'était pas d'une franche gaieté, en dépit de la beauté du bâtiment lui-même. À gauche, nous avons d'ailleurs une fâcheuse tendance, à quelques exceptions près, à choisir pour ces occasions des lieux particulièrement lugubres. Est-ce par optimisme, dans la conviction que la victoire balaiera la grisaille ambiante ? Ou au contraire par pessimisme, pour anticiper les tristesses à venir ? Je l'ignore, mais notre sous-sol ne dérogeait pas à la règle. Au demeurant, nous n'en voyions pas grand-chose : nous étions totalement épuisés par cette campagne très longue, très dure. Et, en dépit de notre utilisation intensive de la « méthode Coué », morts d'angoisse. À cause de la défaite possible, et aussi, pour ce qui me concernait, à cause de la possible victoire : je ne connaissais rien de l'Assemblée nationale, et peu de chose de Paris, où je n'avais fait que passer... Où étais-je encore allé me fourrer ?

Les résultats commencèrent à tomber, d'abord « encourageants », comme on dit, puis franchement bons. Pour beaucoup, étonnamment bons car, hormis moi et mon proche entourage – je suppose qu'il en était de même pour Chevènement –, peu croyaient en une victoire. Certes, Bailly était sur le déclin et, objectivement cette fois, nous avions fait une très bonne campagne, mais ma circonscription était enracinée à droite depuis des décennies et nous étions d'une certaine manière des nouveaux venus. Les minutes passant, la « tendance » se confirmait : Chevènement allait être, était élu à Belfort-Ville. J'ai dû attendre un peu plus longtemps : ma circonscription comptait un grand nombre de communes. Mais vers vingt-deux heures, ce fut certain, je l'emportais à Belfort-Campagne.

Je ne sais pas si j'en ai eu les jambes coupées, parce que, au sens propre, pendant une demi-heure, je n'ai pas touché terre ! J'étais porté de bras en bras, dans un incroyable tumulte qui se répandait au-dehors, comme la mousse d'un bain qui déborde. Et c'est vrai que nous débordions de joie. Je me souviens avec émotion de celle de Pierre Mougin : il en avait fait, des législatives, avec la même constance, la même conviction, et c'était toujours « les autres » qui passaient. Là, c'était nous, c'était lui. Il me serrait l'épaule et me disait seulement, un peu enroué, hochant la tête : « Ben, Raymond, dis donc ! Dis donc ! » Et je lui répondais : « Ben oui, Pierre, dis donc ! » Un moment, j'ai dû sauter de joie, là encore au sens propre, si j'en crois cette photo où j'ai les bras levés et les pieds décollés du sol, en pseudo-Nijinski !

L'euphorie a duré quelques heures, puis le sens du réel nous est revenu. Certes, les deux circonscriptions du Territoire de Belfort étaient passées à gauche mais c'était une île dans le pays, qui restait majoritairement à droite. À ces élections, il y a eu 100 députés socialistes élus sur les 487 qui constituaient alors l'Assemblée : nous étions loin du compte, même si la majorité sortante avait perdu 97 sièges au bénéfice de la gauche, et il restait fort à faire pour que nos idées, nos projets puissent connaître un espoir de réalisation. Mais ceux qui étaient là n'étaient pas des moindres : François Mitterrand, Gaston Defferre, Pierre Mauroy, André Chandernagor, Guy Mollet, et j'avoue que je n'étais pas peu fier de rejoindre ce « club » prestigieux. Pas peu fier non plus de lire le bonheur dans les yeux de ma mère : elle n'avait assisté à aucune réunion, jugeant que ce n'était pas « sa place » puisqu'elle n'était pas française mais, silencieuse et attentive, elle avait suivi mes efforts, et je la savais sincèrement heureuse.

Une sincérité qui n'était sans doute pas le fait de tous ceux qui, ce soir-là, me dirent leur joie : le succès – c'est une banalité – apporte son lot de ralliements de dernière heure, d'excessives protestations de fidélité, de soudaines amnésies des défiances passées. Puisque jeu il y avait, cela en faisait partie, et l'essentiel était de ne pas se laisser griser par cette soudaine unanimité. M'étonna, et m'apprit davantage, la découverte de connivences et de sympathies réelles chez certains dont, pendant la campagne, la neutralité obligée – celle de journalistes, par exemple – m'avait paru proche de l'hostilité. J'y compris que si l'on pouvait se tromper sur ses soi-disant amis, ce que je savais quand même de longue date, on le pouvait aussi sur ses supposés ennemis : j'en acquis une prudence dans les appréciations purement affectives que je me suis efforcé de conserver.

En descendant du train à la gare de l'Est, le jour de la rentrée parlementaire – bien que conscient du poncif et plutôt intimidé par ce qui m'attendait –, je ne jurerais pas n'avoir pas murmuré, pour moi seul, le fameux « À nous deux, Paris ». Sans doute pour me donner du courage : la ville me paraissait magique mais à peu près inintelligible – et j'allais devoir y vivre une partie de l'année.

Je le dis sans forfanterie, et je sais qu'on me rend cette justice à l'Assemblée, tous partis confondus, j'ai toujours pris très au sérieux mon rôle de député. Des premiers jours de 1973 à aujourd'hui, c'est-à-dire depuis plus de vingt-sept ans, et mis à part les périodes où un retrait ou une défaite électorale m'ont écarté de la vie parlementaire, j'ai toujours observé le même rythme : travail assidu à l'Assemblée, présence attentive dans ma circonscription, où je repartais très régulièrement en fin de semaine. Pendant tout ce temps, je ne crois pas avoir passé plus de deux week-ends dans la capitale : d'abord parce que je crois que c'est un devoir, pour un député, de rester au contact de ses électeurs ; ensuite, il faut bien le dire, parce que les dimanches à Paris me donnaient le cafard – surtout à cette époque où je ne connaissais de la ville que l'itinéraire allant du Palais-Bourbon à la gare de l'Est.

La vie d'un jeune député d'alors n'était pas simple, surtout quand, comme moi, il débarquait de sa province. Pas de logement, pas de bureau – pour recevoir, une pièce qu'on partageait à douze –, pas d'assistant parlementaire : il fallait tout gérer soi-même, des rendez-vous de travail aux hôtels où passer la nuit. Se loger, tout particulièrement, était la quadrature du cercle, et la moindre prolongation de séance, le jour où vous aviez prévu de rentrer, vous menaçait d'un passage brutal du noble statut de représentant de la nation à celui de SDF. Pour moi, je n'avais souvent comme alternative que le choix d'un hôtel luxueux qui dévorait en une nuit quinze jours d'indemnités parlementaires, ou d'interminables déambulations dans la ville, en quête de l'introuvable petit-hôtel-très propre-et-pas-cher où il restait une chambre libre. Une fois, après m'être fait évincé d'une bonne vingtaine d'établissements, je me suis retrouvé, hagard, dans un hôtel du côté de la gare du Nord : non seulement c'était un bordel, mais d'une saleté tellement repoussante que j'ai renoncé à ouvrir les draps. J'ai dormi tout habillé, tétanisé, sur le couvre-lit.

Notre condition de député de province s'est quand même améliorée, en 1974, quand fut mis à notre disposition, pour y installer nos bureaux, le bâtiment du 101, rue de l'Université – auquel je viens de donner le nom de Jacques Chaban-Delmas. Je garde de son inauguration, le 2 avril 1974, un souvenir très singulier. Edgar Faure, alors président de l'Assemblée, avait animé la cérémonie avec sa verve coutumière, nous étions tous d'excellente humeur, et, à un certain nombre, nous avons décidé d'aller finir la soirée dans un cabaret. Je ne sais trop comment nous nous sommes retrouvés au *Roi Lear*, mais le choix était bon : on y donnait un excellent spectacle avec « Les frères ennemis », et surtout avec Pierre Dac et Francis Blanche, dans leur inénarrable sketch du « Fakir ». Ce soir-là comme beaucoup d'autres, ils étaient « bourrés comme des coings », selon l'expression de chez moi, et plus talentueux que jamais. La salle hurlait de rire. Nous aussi, évidemment. Puis, à un moment, un homme est sorti des coulisses, s'est avancé sur la petite scène, a réclamé le silence et a dit : « J'ai le pénible devoir de vous annoncer la mort du président de la République, M. Georges Pompidou. » Il y eut un incroyable moment de flottement dans l'assistance – qu'on se souvienne que les Français, pour la plupart, savaient peu de chose de la maladie du président. Certains eurent une sorte de rire nerveux et peu assuré ; d'autres étaient prêts à s'indigner, à juste titre, d'une telle « plaisanterie ». Nous étions devenus livides : nous connaissions la gravité de l'état du président, et nous n'avons pas douté un instant de la nouvelle.

Passé le premier choc, un instant plus tard, nous étions dans la rue, silencieux. Je ne sais lequel d'entre nous dit le premier, d'une voix lugubre : « Élection présidentielle... » Sur quoi un autre enchaîna : « Dissolution... » Et tous en chœur : « C'est pas vrai ! » Nous étions élus depuis moins d'un an, enfin installés depuis moins d'un jour, et la perspective de devoir repartir en campagne nous coupait bras et jambes. En fait, il n'y eut pas de dissolution. Le nouveau président élu, Valéry Giscard d'Estaing, jouissait d'une confortable majorité, et n'avait aucune raison de renvoyer les députés devant leurs électeurs. Ce fut, je l'avoue, un soulagement.

Je l'ai dit, j'ai tout de suite aimé le travail parlementaire. Même en n'appartenant pas à la majorité de l'époque, j'avais le sentiment sinon d'être au cœur du pouvoir, du moins d'être en mesure de l'infléchir. Je m'y employais, comme je m'employais à comprendre le fonctionnement de l'Assemblée, son règlement mais aussi ses usages et ses codes implicites. Ce n'était pas forcément fascinant ou désopilant, mais cela pouvait être fort utile. J'eus d'ailleurs assez vite l'occasion de le prouver.

Dans le gouvernement que dirigeait alors Pierre Messmer, Olivier Stirn était secrétaire d'État aux Territoires et Départements d'outre-mer, et il avait élaboré un projet de loi concernant la Nouvelle-Calédonie dont le but évident – et quasiment avoué – était d'éviter que la population kanake ne devienne majoritaire. Il s'agissait donc de faciliter l'implantation de continentaux et de populations autres que kanake pour compenser son expansion démographique. Cela relevait de l'artifice électoral, et risquait en outre d'avoir des conséquences économiques gravement préjudiciables pour cette population. Nous y étions très opposés, mais la loi était « en navette » entre l'Assemblée et le Sénat, les deux avaient des majorités de droite, et nous ne pouvions pas grand-chose. Sauf empêcher que la loi ne soit votée au cours de cette session, ce qui était en revanche l'objectif d'Olivier Stirn.

Le 30 juin, dernier jour de la session parlementaire, la loi concernant la Nouvelle-Calédonie devait être présentée, en dernière lecture, devant l'Assemblée, en même temps qu'une loi modifiant la définition légale du viol. Avant toute ultime présentation, la commission des lois – dont je faisais alors partie – doit proposer la nouvelle formulation des textes, à l'issue de la « navette ». En règle générale, cela ne prend que quelques minutes, surtout lorsque les deux assemblées ont la même majorité : il ne s'agit que d'ajustements de détails. Chacun rêvait donc à son prochain retour dans ses pénates quand mon comparse François Massot, député de Haute-Provence, commença à rapporter sur le texte concernant le viol.

Quatre heures plus tard, il y était encore : de sa voix chaude de Méridional, il poursuivait tranquillement l'évocation ô combien minutieuse de l'histoire du viol de la haute Antiquité à nos jours. Et le président de la commission des lois, Jean Foyer, n'y pouvait rien : alors qu'en séance les temps d'intervention sont limités, les rapporteurs, en commission, peuvent parler dix heures d'affilée s'ils le veulent. Au bout de trois heures, et après avoir de multiples fois consulté sa montre, Foyer, excédé, avait laissé sa place à un vice-président et était sorti. Tandis que Massot continuait, impavide, son interminable cours d'histoire. Ce n'est que très précisément à minuit moins cinq que nous avons pénétré dans l'hémicycle.

La tradition veut qu'en fin de session parlementaire, alors que la séance doit se clore à minuit, on arrête symboliquement à cette heure la pendule mais on finit de traiter les textes en débat. À minuit moins cinq donc, le vice-président ouvre la séance, et on discute le premier texte inscrit à l'ordre du jour. Puis, précisément à minuit vingt, il appelle le texte sur la Nouvelle-Calédonie. Au banc du gouvernement, Olivier Stirn s'apprête à se lever. Dans l'instant, montre et règlement en main, je le précède et dis : « Monsieur le président, permettez-moi de rappeler les dispositions de la Constitution. La session parlementaire se termine le 30 juin à minuit. Je vous demande de constater qu'en dépit de l'incompréhensible défaillance de l'horloge de notre l'hémicycle, il est minuit vingt. Par conséquent, notre session est close. Or toute loi adoptée en dehors de la session parlementaire serait contraire aux dispositions constitutionnelles qui la régissent, et donc nulle. Donc, nous ne pouvons pas aborder cette discussion sur le statut de la Nouvelle-Calédonie. »

Panique à bord ! Les services administratifs se plongent dans les textes réglementaires, mais j'étais sûr de mon fait : cette « rallonge », passé minuit, relevait d'un consensus, et la caractéristique d'un consensus, c'est qu'il peut être rompu. Auquel cas on en revient à la lettre du règlement. Comme prévu, il n'y avait aucun précédent à une telle situation. On décide donc d'aller chercher le président Edgar Faure, ce jour-là absent. Et tout le monde se retrouve dans les couloirs ou à la buvette, les uns furieux, les autres goguenards, les autres encore franchement rigolards. Dans la première catégorie, évidemment, Olivier Stirn, qui m'affirma : « Vous ne m'empêcherez pas de faire voter ce texte par l'Assemblée. Nous sommes majoritaires ! » Ce à quoi je lui répondis que la majorité était une chose et la Constitution une autre, et que je faisais le pari que son texte ne serait pas voté. Du moins lors de cette session.

On mit un certain temps à retrouver Edgar Faure qui arriva, d'assez méchante humeur, vers deux heures et demie du matin. Et déclara : « Mes chers collègues, je suis malheureusement obligé de constater que, dans sa remarque concernant la durée de nos travaux, M. Forni a parfaitement raison. La Constitution prévoit la fin de la session le 30 juin à minuit. Lorsqu'il a fait cette remarque, il était indubitablement minuit vingt, et la session était donc achevée depuis vingt minutes. Je ne peux que déclarer la présente session close. »

Je ne m'étais pas vraiment amusé à dépouiller les centaines de pages de règlements, attendus et autres jurisprudences, mais à voir la tête d'Olivier Stirn, cette nuit-là, j'avoue avoir trouvé que le jeu en valait la chandelle.

Qu'on ne s'y trompe pas, ces passes d'armes n'avaient rien de gamineries d'écoliers frondeurs. Nous avions beaucoup à prouver, et peut-être à nous prouver. On a un peu oublié ce qu'était la morgue d'une bonne partie de la droite d'alors. Quasiment par droit divin aux rênes de l'État depuis plus de vingt-cinq ans, elle ne doutait pas de son absolue et unique légitimité à gérer les affaires du pays. Pour elle, si quelques errements du suffrage universel amenaient à l'Assemblée des députés de gauche, il allait de soi qu'ils étaient quantité négligeable, que l'exercice du pouvoir, dans sa pratique quotidienne, les dépassait complètement. Dans le meilleur des cas, on admettait qu'ils puissent avoir quelques idées – depuis une certaine affaire Dreyfus, pas mal d'« intellectuels » se situaient dans cet horizon de pensée – mais c'étaient des idées fumeuses, irréalistes. En somme, il n'y avait, de ce côté de l'hémicycle, que des causeurs, pour certains sympathiques d'ailleurs, mais tout à fait incapables de construire une stratégie, et qu'on pouvait bien facilement rouler dans la farine. Pour tout dire, l'opposition était, au sens propre, insignifiante.

À tous les sens du mot, il n'était pas superflu de remettre les pendules à l'heure.

Du soir de ma première élection, en 1973, à aujourd'hui, j'ai toujours tenu la fonction politique pour une des activités les plus nobles qui soient – déclaration qu'on taxera au mieux de pompeuse, au pire de « ringarde ». Elle est aujourd'hui mal aimée, souvent caricaturée et réduite aux lieux communs de la politique politicienne, quand elle n'apparaît pas comme le moyen de s'attribuer des privilèges indus. Pourtant, rien ne devrait être plus éloigné du privilège, donc, étymologiquement, d'une priva lex, *une « loi privée », que le « politique », dont la racine grecque évoque la Cité dans son ensemble, comme d'ailleurs l'origine latine du mot « civique ».*

Encore faut-il distinguer les deux domaines auxquels réfère le mot « politique ». Le politique, *ce sont les valeurs et les idéaux sur lesquels chacun, comme citoyen, est appelé à se prononcer. Estime-t-on que la peine de mort est un châtiment utile et légitime, qui sert l'intérêt général de la communauté ? À chacun de se prononcer en son âme et conscience. C'est un choix, ou si l'on préfère une « opinion » politique : on peut en discuter, argumenter, trouver des raisons d'être pour ou d'être contre, mais la libre opinion de chacun demeure dans la sphère du privé. Le mécanisme s'étend à d'autres sujets, moins symboliques peut-être, mais qui relèvent eux aussi de la logique de la conviction ou de l'opinion. C'est vrai dans le domaine de la politique économique, de la fiscalité – est-il bon et utile pour la communauté d'augmenter ou de baisser les impôts ? –, ou dans le domaine social : est-on pour ou contre le PACS ? Toutes ces questions sont d'importance, et elles justifient que chaque citoyen se prononce. Mais « dire » n'est « faire » qu'à partir du moment où la profération entre en phase avec l'action.*

La politique, *ce sont les moyens mis en œuvre – personnes ou institutions – pour donner un caractère opératoire à ces idées. Un homme, une femme politiques sont des citoyens comme les autres, et, à ce titre, ils ont des convictions, des idées, des opinions. Mais ils ont choisi de s'engager pour leur donner une traduction effective dans la vie de la communauté. Abolitionnistes, ils ne se contentent pas de penser que la peine de mort est un châtiment barbare ; ils décident de faire en sorte que cela se traduise dans une loi. Ils peuvent ensuite être ou non en mesure de le faire, les électeurs peuvent leur avoir ou non accordé leur confiance : à partir du moment où ils se mobilisent pour agir, et non plus seulement se prononcer pour ou contre, ils sont dans l'action politique, ils font de la politique.*

Or on constate que l'actuelle désaffection des citoyens pour la « chose publique » se double d'une crise de la représentation politique, et qu'ils n'ont plus le sentiment de voir leurs aspirations et leurs espoirs relayés et traduits dans les faits – dans la loi – par ceux qu'ils ont choisis pour les représenter. Cette désaffection se double d'une profonde crise de confiance dans la parole politique : beaucoup – et surtout parmi les plus jeunes – ont l'impression que les politiques se paient de mots mais n'agissent pas, qu'ils évoluent dans la sphère de l'illusion et pas dans celle de l'action.

Faire de la politique, c'est s'engager pour que vivent des idées, mais la politique n'est pas seulement un combat pour ces idées. C'est d'abord un combat pour des personnes, pour peser concrètement sur les conditions de vie de chacun. Certes, ce combat est mené au nom d'idéaux et de convictions. Mais « l'intérêt général » n'est pas une notion abstraite et désincarnée, c'est ce que nous estimons, en tant que responsables politiques, être le bien de la communauté – un « bien commun » dont l'appréciation, nécessairement, se modifie sans cesse. Il est donc naturel que la politique ne soit pas une chose figée, mais qu'elle évolue au rythme de la société dans laquelle elle vit.

Seulement, depuis quelques années, les choses se sont accélérées : la politique souffre d'un décalage avec les attentes de l'opinion alors que le fondement du contrat social réside dans la confiance placée par le peuple en ses représentants, dans son adhésion aux choix et aux décisions prises par les élus. Cela dit, l'exercice de la démocratie met en jeu une double responsabilité, celle des représentants mais aussi celle des représentés. Chaque citoyen doit se sentir concerné par la mise en œuvre, mais aussi par l'invention des règles de la vie commune. Être citoyen, c'est bien sûr accomplir son devoir mais c'est aussi faire valoir ses droits, ne pas abdiquer face à ce dont l'État est redevable ; c'est réagir, interpeller, inciter, lorsque la création de nouveaux droits semble juste et nécessaire.

Si la politique telle qu'elle se fait peut être critiquée par certains, la politique telle qu'elle pourrait être continue à être investie d'espérances : le manque de confiance déclarée est plutôt la conséquence d'une déception que d'une défiance spontanée. Car la demande politique existe ; mais c'est la demande d'une autre politique, moins traditionnelle, dont il convient d'inventer les nouvelles formes.

On le constate dans l'adhésion aux différents « mouvements citoyens », des associations de quartier aux groupes de protestation antimondialisation : leur popularité démontre que les gens continuent à avoir foi en un certain nombre de valeurs et de convictions. Mais c'est à nous, politiques, de prendre en charge ces aspirations. Car nous sommes investis de la seule légitimité qui compte : la légitimité démocratique. La légitimité « médiatique » de certains mouvements n'est pas négligeable : elle traduit l'adhésion d'un grand nombre à des idées fortes. Mais la légitimité médiatique, manipulable et difficile à apprécier, n'est pas de même valeur, et n'offre pas les mêmes garanties que cette légitimité démocratique dont les hommes politiques, lorsqu'ils sont appelés à exercer des responsabilités pour le compte de l'État, sont les représentants.

Le pouvoir politique n'est pas vain, il a les moyens de changer les choses. Certes, il s'exerce aujourd'hui dans un environnement nouveau, où les contre-pouvoirs s'affirment de plus en plus nombreux et, parfois, de plus en plus efficaces. Pourtant, la politique constitue le moyen le plus sûr, et surtout le plus juste, d'influer sur le devenir des individus et des sociétés. Hors d'elle ne demeure que la soumission au fatalisme ou au déterminisme social et économique. Et cette soumission-là, je l'ai connue d'assez près pour ne rien ignorer de ses possibles ravages.

VI

Est-ce parce que je suis, somme toute, un homme de la terre ? Ou bien parce que je porte encore en moi la lointaine mémoire de l'exil ? J'ai absolument besoin de racines, de me sentir d'un lieu, d'y être connu et reconnu comme une personne, et non comme une simple fonction. C'est pourquoi, s'agissant du domaine politique, l'articulation du local et du national m'a toujours paru essentielle : ne pas perdre le contact avec les réalités du quotidien, avec les nouvelles interrogations qui naissent de l'évolution constante de la société, est indispensable à qui souhaite ne pas cantonner sa réflexion à la seule répétition de théories. Par nature, une théorie est un système de pensée momentanément clos, régi par les hypothèses qui prévalent au moment de son élaboration. Mais lentement ou brutalement, ces hypothèses se modifient sans cesse, et rester à l'écoute de ces changements est une des conditions de l'efficacité politique. Et sans doute parce que j'ai à mon rôle de député un rapport aussi intuitif qu'intellectuel, il m'importe de sentir, de penser, de m'indigner ou de m'enthousiasmer au rythme de ceux que je représente, en phase avec eux.

C'est un beau mot que celui de « représentation », tel qu'on l'emploie, pour désigner l'ensemble des parlementaires, dans l'expression la « représentation nationale ». Du moins, cela peut et doit l'être, si l'on en écarte les acceptions de pure apparence, si l'on entend profondément ce qu'il implique, justement, de *présence* au monde, au réel – et, dans ce monde réel, à chacun et chacune de ceux qui vous ont choisi comme délégué de leur propre présence, donnant ainsi son sens à la démocratie. Traduire mais ne pas trahir – *traduttore, traditore* met en garde un adage italien – est une exigence de cette représentation, dont je vois mal comment on peut l'assumer si l'on a perdu le contact avec ses mandants : la « langue de bois » des apparatchiks de tout bord n'est rien d'autre que ce vocabulaire et cette syntaxe pétrifiés, coupés de la vie et des vivants. Et, pour filer la métaphore linguistique, on sait bien qu'une langue ne peut être réellement comprise si on est incapable d'en décoder les ellipses ou les allusions implicites mais partagées, ce que seule permet une vraie familiarité avec ceux qui la pratiquent.

Un ancrage plus affirmé dans ma région me semblait donc souhaitable, pour cette raison de fond, mais aussi pour y conforter notre présence, donc nos possibilités d'action.

Il y eut, en 1976, des élections cantonales, et, pour cette échéance, la situation du canton de Beaucourt, au sud de Belfort, était préoccupante. C'est un canton qui avait naguère été très prospère : depuis le dix-neuvième siècle, il était dominé par la famille Japy, et s'était installé là un important réseau de petites entreprises qui se consacraient à l'horlogerie. Puis, cette production s'étant déplacée vers le Haut-Doubs, la région avait opéré une reconversion réussie dans la fabrication de machines à écrire. Peut-être certains se souviennent-ils encore de ces « Japy », pratiques et maniables qui, avant l'avènement de l'ordinateur, jouissaient d'une réputation presque égale à celle, mythique, des américaines Remington.

C'est dans ces années soixante-dix que les premières difficultés étaient apparues : le niveau technologique requis par l'informatique, puis la micro-informatique, était très différent de celui que nécessitait l'élaboration de mécanismes destinés aux machines à écrire. Les ouvriers et ouvrières qui y travaillaient avaient une remarquable compétence, dont ils étaient légitimement fiers, mais la région n'avait pas pu, ou pas su, prendre ce nouveau virage.

Beaucourt était dans ma circonscription, mais pas dans le canton où j'étais conseiller municipal – Montreux-Château en était distant de vingt-cinq kilomètres. Je pris pourtant assez vite la décision de m'y présenter, et cela pour plusieurs raisons. De longue date tenu par la droite, il était ébranlé par les évolutions dont j'ai parlé, et nous y avions peut-être une chance. Encore fallait-il que le candidat désigné soit apte à s'en saisir, et le premier qui avait été pressenti ne semblait pas le pouvoir. Un second candidat s'était donc déclaré, en l'occurrence Pierre Mougin, qui avait été mon suppléant lors des législatives de 1973. Pierre était, je l'ai dit, un homme de très grande qualité, mais le canton, tel qu'il avait été redécoupé, avait une dominante ouvrière et risquait de mal se reconnaître dans un agriculteur. À ces problèmes de personnes s'ajoutait une sourde compétition entre certains tenants du PS « classique » et tenants du CERES, qui risquait d'être fatale aux deux « courants ». J'avais tenté d'obtenir une candidature unique, mais sans succès : la seule solution qui m'apparut fut de proposer un tiers – en la circonstance, moi. Je proposai alors cette issue à la direction du PS, et François Mitterrand envoya à la section de Beaucourt un télégramme dans ce sens. Pour être franc, Mitterrand ignorait à peu près tout de la situation de Beaucourt, bien que son télégramme donnât l'impression d'une analyse très informée : il m'avait fait confiance, et avait repris à la lettre ma suggestion. Je fus effectivement désigné, et le canton fut remporté au terme d'une campagne assez mouvementée. Mais de cela, je commençais à avoir l'habitude.

J'ai donc été conseiller général jusqu'en 1982. C'est à ce moment que Jean-Pierre Chevènement m'a demandé de le remplacer à la tête du conseil régional de Franche-Comté, qu'il présidait depuis 1979 : il était désormais ministre de l'Industrie, et François Mitterrand, devenu président de la République, jugeait incompatibles ces deux fonctions. Seulement il me fallait pour cela abandonner mon mandat de conseiller général. J'ai accepté sans, je l'avoue, prendre exactement la mesure de l'« effet domino » dans lequel j'allais me trouver entraîné. Chevènement avait-il surestimé la pugnacité du candidat qu'il avait fait désigner pour me remplacer à Beaucourt ? Ou avait-il jugé préoccupant, pour son autorité locale, l'écart que je commençais à manifester vis-à-vis de certaines positions du CERES et estimé utile de me marginaliser ? Il est vrai que l'attitude qu'il avait adoptée, singulièrement à propos des évolutions européennes, ne correspondait pas à ma vision de l'avenir. Et que certaines alliances qu'il nouait pour faire prévaloir ses conceptions me semblaient franchement hors nature. La politique est, pour moi, un rapport de force fondé sur des convictions, et je ne saurais admettre que les secondes pâtissent du désir de triompher dans le premier. Inutile de dire que c'est un point de vue qui ne m'a pas quitté.

Toujours est-il que, lors des cantonales de 1982 – qui survenaient pourtant juste après notre victoire de 1981 aux présidentielles –, Michel Plomb fut, à Beaucourt, balayé par Pierre Perrin, mon ancien adversaire défait en 1976. Or, comme la présidence du conseil régional nous échappa, je me suis retrouvé avec le titre peu enviable du plus éphémère président de Région depuis la création de cette institution : j'en avais occupé le fauteuil exactement deux mois et demi !

J'en garde toutefois au moins un souvenir exquis : celui d'une visite, dans le Jura, à Château-Chalon, où l'on cultive un vignoble remarquable. Je ne suis pas près d'oublier la dégustation des crus vieux de plusieurs décennies auquel me convia le maire. Non plus d'ailleurs que le raffinement des « havres de paix » qu'Edgar Faure avait su se faire ménager dans la préfecture de Besançon.

Mais, dès 1976, le combat essentiel était la préparation des législatives de 1978. Avec le leadership avéré de François Mitterrand sur le Parti socialiste, le dynamisme qu'il insufflait à nos travaux, les contours qui s'affirmaient d'une « union de la gauche » et du rassemblement de toutes les énergies, montait un espoir de moins en moins fou au fur et à mesure que passaient les mois. Il y avait du « possible » dans l'air, qui nous galvanisait. Et, en même temps, qui nous conduisait à nous battre pied à pied sur tous les textes : si, minoritaires, nous ne pouvions empêcher leur adoption, au moins les passions-nous au crible. Nous arrivions en commission des lois avec un système d'argumentation que nous mettions des jours à peaufiner, et qui était d'une redoutable efficacité, du moins pour la visibilité de notre stratégie d'opposition. À quatre, François Massot, Alain Hautecœur, Philippe Marchand et moi – on nous surnommait, évidemment, les mousquetaires –, nous menions ainsi des batailles homériques qui, au moins sur certains points, étaient parfois couronnées de succès.

Il faut dire que nous étions dans une situation psychologique singulière : à l'espérance qui se levait avec l'échéance de 1978 se mêlait l'exaspération croissante, et même le sentiment d'injustice, où nous mettaient ces vingt années de règne sans partage du pouvoir de droite. Symétriquement, ce même pouvoir multipliait alors les projets de lois agressivement répressifs comme la loi « sécurité et liberté » – dont le moins qu'on puisse dire est que le mot « liberté » y figurait comme une quasi-provocation. Pour cette dernière, qui avait été élaborée par Alain Peyrefitte et quelques technocrates du ministère de la Justice et qui remettait en cause la liberté de rassemblement – au-delà de cinq personnes – pour laquelle s'étaient battus les insurgés des révolutions du dix-neuvième siècle, elle bafouait tellement les libertés fondamentales que l'opinion publique, toutes options politiques confondues, l'avait accueillie avec réticence, et la droite elle-même s'était vite aperçue qu'elle desservait ses intérêts : quand nous l'avons abolie, en 1981, elle était déjà quasiment vidée de tout contenu.

J'avais été réélu aux législatives de 1978, mais ce bonheur personnel fut assombri par la déception liée à l'échec de la gauche, qu'on pouvait craindre dès septembre 1977, lorsque les négociations sur le programme commun avaient été rompues. Un échec d'autant plus difficile à accepter qu'il s'en était fallu de peu : nous étions minoritaires en sièges mais majoritaires en voix. Toutefois, cela seul prouvait qu'un mouvement était en marche, et que ce n'était pas le moment de baisser les bras. Tout ce que nous proposions alors – la majoration du minimum vieillesse, l'amélioration de la couverture maladie et des allocations familiales, la cinquième semaine de congé, en même temps que des mesures visant à juguler l'inflation – me semblait des mesures essentielles, et il n'était pas question de renoncer.

J'ai de cette période 1978-1981 le souvenir d'une incroyable mobilisation. Il y avait entre le PS et ses experts d'une part, et les députés d'autre part, une coopération constante, doublée d'une vigilance de tous les instants : à tout moment, nous pouvions compter sur l'analyse ou la référence qui allait nous permettre d'étayer notre argumentation, de contrer celle de nos adversaires. Face à cette « machine » intellectuelle et militante – et les deux mots ont pour moi leur importance –, le pouvoir d'alors, je m'en souviens fort bien, fut réellement déconcerté.

La fameuse « usure du pouvoir » n'est pas seulement une expression convenue : elle reflète une double réalité dont nul, en politique, n'est exempté. D'une part, l'érosion, dans l'opinion, de l'« image » des dirigeants depuis longtemps aux affaires. Mais aussi, s'ils n'y prennent garde, une banalisation de leur propre pratique. Des comportements routiniers s'installent, en même temps qu'une certaine atonie de la réflexion : en politique, il est si facile – et si tentant – de considérer le pouvoir qu'on détient non pour ce qu'il est, une délégation momentanée, mais pour un acquis qui n'a nul besoin de justification, et dont la remise en cause relèverait d'on ne sait quel égarement de la démocratie. Pour la droite d'alors, notre pugnacité était à la fois incongrue et inquiétante : elle témoignait d'une foi en une possible victoire qui, d'aberrante qu'elle avait paru en 1973, commençait à sérieusement préoccuper...

La campagne pour la présidentielle de 1981, je l'ai surtout vécue dans ma région, et elle fut, pour moi, très proche de ce qu'avaient été mes campagnes précédentes : le même engagement, la même volonté de réussir. Nous nous sentions portés par un candidat exceptionnel, dont, les semaines passant, la solidité et le calme, la détermination aussi, trouvaient de plus en plus d'écoute dans l'opinion. Je me souviens d'une des dernières réunions publiques organisées autour de Mitterrand à Mulhouse. Y était intervenu Alain Bombard, qui était un remarquable orateur, formidablement sympathique et simple, à mille lieues de la « langue de bois ». Sa bonhomie et ce qu'on savait à la fois de sa science et de son courage – son odyssée de navigateur solitaire dans l'Atlantique était dans toutes les mémoires – formaient un mélange qui avait enchanté la foule. Et, venant après lui, l'habileté rhétorique et les subtiles ironies de François Mitterrand avaient mis l'enthousiasme à son comble. Il faut dire qu'en termes de communication, les choses avaient été remarquablement pensées : l'alliance de deux hommes si différents, le premier apparemment tout de « nature », le second tout de « culture », donnait de la gauche une image particulièrement séduisante.

Le soir des résultats fut, à Belfort, ce qu'il fut dans tant de villes françaises : pour beaucoup, un rêve devenu – le temps que s'inscrive sur l'écran, par stries successives, le visage de François Mitterrand – réalité. Et cette métamorphose, nous en avions été pour une part, à notre lieu et notre mesure, les acteurs.

Comme je ne suis pas de ceux qui, après un seul déjeuner, se proclament ami intime du grand homme qui leur a fait l'honneur de sa table, je ne prétendrai pas avoir été un familier de François Mitterrand, ni que les quelques conversations personnelles que j'ai pu avoir avec lui aient eu des enjeux planétaires. Pourtant, j'ai eu le privilège de le rencontrer de manière plus informelle soit lors de dîners à l'Élysée, soit à Latché, et je garde de ces moments un souvenir très fort. Je n'ai jamais considéré qu'admirer était une marque de faiblesse, une mise en cause implicite de sa propre valeur, un handicap dans l'affirmation de soi. Si j'ai beaucoup admiré François Mitterrand, je n'ai jamais pour autant eu l'impression que ce sentiment me reléguait dans un rôle de comparse – et moins encore de courtisan. Quand j'ai cru devoir m'opposer à des projets qu'il avait formés pour moi, je l'ai fait sans détour ni faux-fuyants, justement parce que mon identité, ma personnalité ne se dissolvaient pas dans cette admiration. Se sentir modeste n'est pas se sentir médiocre – bien au contraire. Mais, je l'avoue, l'homme m'impressionnait énormément.

Il faut dire qu'il savait alterner l'affabilité et l'ironie, la vraie sollicitude et le retrait courtois mais sans appel, avec une aisance et une rapidité à vous donner le tournis. Et malheur à ceux qui ne percevaient pas dans l'instant qu'ils s'étaient aventurés sur des chemins pour eux périlleux ! J'ai ainsi le souvenir d'un dîner à l'Élysée qui était réputé réunir autour du président quelques « amis ». Dans ces cas-là, le code implicite voulait que l'on évitât tous les sujets « sensibles ». Or c'était à quelques jours de la malencontreuse affaire du « Rainbow Warrior », quelqu'un y fit une allusion et Charles Hernu, qui était des convives, entreprit de se justifier. En une seconde, l'hôte aimable se figea, changea de visage et fit taire Hernu avec une sécheresse glacée qui tétanisa la tablée. On eut quelque difficulté à sortir du silence qui s'était installé. On entendait littéralement les convives supputer mentalement le titre de film ou de livre qu'ils pourraient bien évoquer pour relancer la conversation. Heureusement, *Titanic* n'avait pas encore fait un malheur au box-office !

Une mésaventure un peu semblable – encore que très mineure – m'est arrivée lors d'un déjeuner à Latché où, je ne sais trop comment, on en vint à évoquer Fouché, le fameux chef de la police de Napoléon. Était-ce parce que je voulais participer à la conversation ou parce que j'avais gardé un attachement romantique pour la gouaille de Vidocq ? Toujours est-il que je lançai une appréciation plutôt ironique sur ledit Fouché. Mal m'en avait pris : François Mitterrand tenait le duc d'Otrante pour une intelligence remarquablement subtile et m'assena un bref cours d'histoire que je me gardai bien de contester – et pour cause : ma connaissance de la période était plus qu'approximative, et rien n'agaçait plus Mitterrand que d'entendre parler pour ne rien dire.

En revanche, il ne lui déplaisait pas, de temps à autre, de mettre ses invités dans des positions légèrement inconfortables et de regarder avec délectation comment ils allaient s'en sortir. Cette fois-là, nous avions été invités à Latché, avec Henri Emmanuelli, pendant que les fêtes de la Madeleine se déroulaient à Mont-de-Marsan. Or nous avions prévu d'assister à la corrida, et il nous fallait pour cela quitter Latché un peu avant quatre heures. Mitterrand avait parfaitement compris pourquoi, à partir de trois heures et demie, nous ne relancions que très mollement la conversation, refusions un dernier verre et nous agitions dans nos fauteuils... Alors il était devenu volubile, avait enchaîné les anecdotes, et feint de ne rien voir des coups d'œil que nous jetions – aussi discrètement que possible, quand même – à notre montre. Seulement, allez dire à un président de la République en général, et à François Mitterrand en particulier : « Bon, merci pour tout, mais il faut qu'on y aille » ! Comme en plus il détestait la corrida, il prenait un double plaisir à nous voir empêtrés dans notre gêne – et, éventuellement, à nous faire rater notre rendez-vous tauromachique. Enfin, il nous prit en pitié et se leva. Mais, pendant que nous remontions l'allée à un pas précipité, je m'entendis interpeller d'un « Dites donc, Forni... ». Bien sûr, je m'arrêtai net et me retournai, ayant cette fois quasiment fait mon deuil de la feria. Alors il me regarda et me dit : « Rien... Je vous fais téléphoner... » Et, avec un sourire suave : « Dépêchez-vous... »

Le plus souvent, il était très soucieux de ses interlocuteurs. Si on se lançait dans une argumentation, il écoutait avec attention et ponctuait vos propos d'un « Vraiment ? Vous pensez ? Vous croyez ? », qui marquait un réel intérêt – même si, deux secondes plus tard, il démontait en quelques phrases rapides votre raisonnement. Il n'empêche que je me sentais face à lui d'une incroyable timidité. Je ne peux pas dire que je le craignais, ce serait mal rendre compte de nos relations. Mais, en même temps qu'il était profondément attentif au présent, je le sentais simultanément dans un autre espace, presque dans un autre temps – ou du moins une autre durée – que ceux de notre quotidien. Dans un autre rapport à l'Histoire. Et je ne parvenais pas à échapper à la forme de fascination que j'en éprouvais.

Maintenant, je regrette de lui avoir, somme toute, assez peu parlé, de ne lui avoir pas même dit combien je l'admirais. J'avais toujours peur de paraître ou flagorneur ou familier. Je lui dois des bonheurs sans doute puérils, mais dont je ne rougis pas : ceux de lire, au bas d'une carte de vœux stéréotypée, un mot amical de sa main, le souvenir du dîner qu'il fit dans notre maison de Fontaine, et où il se montra un convive détendu et gourmet. En amitié, il fut incroyablement fidèle – trop peut-être, a-t-il pu dire lui-même. Pour lui, je ne fus pas un ami, seulement, parmi d'autres, un compagnon dont, je crois, il appréciait la loyauté. Et je m'en voudrais de ne pas la lui témoigner à nouveau.

Au lendemain de 1981, il s'agissait désormais de faire en sorte que la réalité ne soit pas un déni du rêve qui nous avait si longtemps porté. Dès la rentrée de la nouvelle Assemblée, où, avec 269 députés sur 488 sièges, le PS avait la majorité absolue, me fut confiée la présidence de la commission des lois dont, comme on sait, j'étais membre depuis plusieurs années. Pour autant que je m'en souvienne, ma désignation s'y fit sans problème : j'avais prouvé mon implication dans la vie parlementaire, et on me reconnaissait une réelle compétence dans les domaines qui étaient les siens.

La commission des lois est, avec la commission des finances, une des plus prestigieuses de l'Assemblée. Et comme elle, c'est une sorte de « club » où, certes, les affrontements peuvent être vifs mais où un certain nombre de valeurs partagées, un langage commun – et la référence première au droit –, limitent les dérives et les excès. Élaborer et formuler la loi donne le sentiment de participer à une des activités les plus dignes de respect qui soient, et j'y ai vu fort peu de marques d'indifférence ou de désinvolture. Hors de l'enceinte de la commission, les raideurs ou les docilités partisanes réapparaissaient, mais il y avait, pendant nos travaux, un souci de rigueur qui interdisait l'outrance. De plus, c'est, quantitativement, une « petite commission » : elle se compose d'une soixantaine de membres, alors que d'autres en comptent plus de cent vingt.

À sa présidence, je succédai à Jean Foyer, ce qui était assez impressionnant. Ancien garde des Sceaux, juriste éminent et constitutionnaliste remarquable, il avait été un président très respecté. Ces premières années qui suivirent l'élection de Mitterrand furent des moments d'intense activité législative. Et parmi les nombreuses lois dont nous eûmes à nous occuper, aucune – on ne s'en étonnera pas – ne me fut plus importante que celle visant à l'abolition de la peine de mort.

J'étais de ce combat-là depuis bien des années, avec un certain nombre d'autres. Robert Badinter, bien sûr, mais aussi, au sein de l'Assemblée, des parlementaires avec lesquels je ferraillais sur quasiment tous les autres sujets. Car une des caractéristiques de cette lutte fut qu'elle ne suivit pas totalement les lignes traditionnelles d'opposition entre formations politiques. À droite, il y avait quelques abolitionnistes convaincus. Et pour la gauche, François Mitterrand s'était très clairement engagé au cours même de sa campagne. Il l'avait dit lors d'une émission télévisée, « Cartes sur table », en réponse à une question d'Alain Duhamel et Jean-Pierre

Elkabach : « dans [sa] conscience, dans la foi de [sa] conscience », il était « contre la peine de mort ».

Il ne faut pas sous-estimer le courage politique dont témoignait cette prise de position sans équivoque. En 1981, l'opinion publique n'est pas, loin s'en faut, majoritairement abolitionniste : un sondage publié au début de cette même année annonce que 63 % des Français sont favorables à la peine capitale, 31 % y sont opposés et 6 % sont sans opinion. Autre signe : depuis 1978, les jurys de cour d'assises étaient désignés par simple tirage au sort, et donc plus « populaires » que précédemment ; or, simultanément, le nombre de verdicts de mort avait augmenté, et en six semaines, à l'automne 1980, quatre condamnations à la peine capitale avaient été prononcées. C'était donc à l'encontre des convictions de son propre électorat potentiel qu'allait, avec cette déclaration, François Mitterrand.

Les positions des autres principaux candidats étaient plus ambiguës : Georges Marchais avait réaffirmé son hostilité personnelle envers la peine de mort mais avait éludé les questions portant sur le calendrier de son abolition. Jacques Chirac avait lui aussi dit ses sentiments abolitionnistes, mais il avait préconisé un référendum, préférant s'en remettre à l'opinion « de la personne France ». Quant à Valéry Giscard d'Estaing, il avait déclaré ne pas se sentir le droit d'« aller contre la sensibilité profonde du peuple français »[1]. Que la France fût l'un des derniers pays d'Europe occidentale à maintenir ce supplice ne semblait pas émouvoir celui qui se déclarait pourtant Européen convaincu.

Comme on le sait, Mitterrand fut élu puis, après les élections législatives et le retrait de Maurice Faure, Robert Badinter

1. Cités par Robert Badinter in *L'Abolition*, Fayard, 2000. Ce beau livre donne l'histoire détaillée de ce grand combat.

nommé garde des Sceaux et l'Assemblée dotée d'une majorité de gauche. Toutes les conditions étaient donc réunies pour que la loi soit présentée au Parlement, et sans nul doute votée. J'eus l'honneur d'en être le rapporteur. À la commission des lois, il y avait de nombreux abolitionnistes à gauche mais également quelques-uns à droite, tels que Philippe Séguin, Bernard Stasi et Pierre Bas, avec qui j'avais déjà fait nombre de tentatives pour obtenir cette abolition. Il y eut donc peu de problèmes pour que la commission adopte le projet élaboré par Robert Badinter.

Je ne suis pas le seul, je le sais, à garder un extraordinaire souvenir du vendredi 17 septembre 1981. Les tribunes du public étaient combles : beaucoup avaient voulu être témoins de ce moment historique. Si le « peuple français » dans son ensemble demeurait réticent – un nouveau sondage, publié une semaine plus tôt, donnait à peu près les mêmes résultats que celui du début de l'année –, l'émotion de ceux qui étaient venus était sensible. Après ce jour – en fait, ces deux jours que durèrent les débats –, quelque chose d'atroce, la mise à mort d'un être humain « au nom de la loi », n'aurait plus jamais lieu, au moins dans notre pays.

Plus jamais : ces mots me hantaient pendant que je montais à la tribune pour présenter le projet de loi. Est-ce l'importance du moment ? Le souvenir de ceux qui, de Hugo à Gambetta, Clemenceau ou Jaurès, avaient pris la parole devant l'Assemblée pour dire leur horreur de la peine de mort ? Je n'ai pas le sentiment d'avoir été très bon : sans doute avais-je trop de choses à dire, trop de passion pour rester dans la froide objectivité à laquelle est tenu un rapporteur. Mais en vérité, le souvenir m'en est à peine déplaisant : l'enjeu était tel, et l'issue si proche, que rien d'autre ne comptait, et surtout pas un petit désagrément d'amour-propre.

Après la grande intervention de Robert Badinter, où la hauteur de pensée le disputait à l'émotion, les débats furent longs, et assez exceptionnels : ainsi vit-on une demande de rejet du projet de loi, présentée par un député de l'opposition, combattue par un autre député de l'opposition, en la circonstance Philippe Séguin. Évidemment, on nous accusa de tout, de violer l'opinion publique, de bafouer la mémoire des victimes, de préparer des cohortes d'assassins désormais assurés de l'impunité, comme si l'abolition de la peine de mort allait frapper d'inanité toutes les peines prononcées par la justice. Badinter faisait face, se contraignant parfois au calme, quand les attaques – les premières d'une triste série – étaient trop directement personnelles.

Enfin vint le moment où le premier article fut mis aux voix. Il était tout simple, juste six mots : « La peine de mort est abolie. » Une phrase minimale pour annuler la peine maximale. Le bref tranchant de huit syllabes pour suspendre à jamais celui de la guillotine. Nous ne doutions pas de l'issue du vote – la majorité de l'union de la gauche était large – mais nous ignorions combien de députés de droite rejoindraient les abolitionnistes déclarés, d'autant que le scrutin était public, donc que le vote de chacun serait connu d'une opinion qui, surtout à droite, était très rétive. Le résultat dépassa nos espoirs : sur les 482 députés qui s'étaient exprimés, 368 votèrent l'abolition, c'est-à-dire un nombre significatif de membres de l'opposition. Dans les couloirs, après la séance, gauche et droite confondues, on se serra longuement la main, entre partisans de longue date de l'abolition. Et jamais plus que ce jour je n'ai été fier d'être député.

En 1984, j'avais peu de raisons de m'inquiéter pour mon avenir politique, ou pour mon avenir tout court : j'avais été réélu sans difficulté en 1978 et en 1981, et j'avais le sentiment que le courant passait bien entre ma circonscription et moi. C'est alors que Pierre Joxe réussit à convaincre François Mitterrand, d'abord réticent, de faire adopter, pour les législatives de 1986, le scrutin proportionnel. Pour ce qui me concernait, ce nouveau mode d'élection équivalait à une mise sur la touche, du moins dans le Territoire de Belfort : il était impensable, dans ces conditions, que puissent y être élus deux députés de gauche, et il était pour tout le monde évident – y compris moi – que le choix devait se porter sur Jean-Pierre Chevènement. Ce fut une situation assez paradoxale : j'étais président de la commission des lois, et j'avais pour mission de défendre et promouvoir un projet de loi dont la première conséquence serait de m'exclure du scrutin. Je fis pourtant ce qui m'apparaissait comme mon devoir, et la loi fut adoptée en 1985, ce qui n'empêcha d'ailleurs pas la gauche d'essuyer une défaite en 1986. Mais, en joueur d'échecs consommé qu'il était, le président avait peut-être en vue des échéances plus lointaines.

Mitterrand était tout à fait conscient de la position difficile dans laquelle me mettait mon éviction de fait. Je l'ai souvent vu à cette époque, et, tout en louant ma loyauté, il m'entretenait des vertus d'un retrait momentané de la scène politique. En se préoccupant quand même de mon avenir immédiat : j'avais des enfants encore jeunes, mes activités parlementaires m'avaient contraint à laisser mon cabinet quelque peu en jachère – et je n'étais plus conseiller général depuis ma démission du canton de Beaucourt et mon passage plus que rapide à la présidence de la Région. Je mentirais en disant que je n'étais pas moi-même assez inquiet.

Deux propositions m'ont alors été faites : l'une consistait à me présenter aux législatives dans le Doubs, l'autre au Havre, à la suggestion de Laurent Fabius. Je n'ai certes rien contre les Normands, et le Doubs, limitrophe du Territoire de Belfort, ne m'était pas étranger, mais dans l'un et l'autre cas il s'agissait d'un « parachutage ». Et j'y suis absolument allergique. Je n'en fais en rien une preuve d'exceptionnelle moralité : c'est beaucoup plus, je le sais, une question de « nature ». L'exode et l'errance me sont difficiles, j'ai besoin de repères familiers, de balises connues. Peut-être, après tout, aurais-je fait un piètre coureur des mers... Et puis il y aurait eu dans ce départ quelque chose d'un peu insultant pour ceux qui, dans le Territoire de Belfort, m'avaient fait confiance : parce que des « circonstances » – qui leur étaient totalement étrangères – m'interdisaient de prétendre les représenter à nouveau, je leur tournerais le dos et irais solliciter d'autres suffrages ? Je ne me serais guère aimé dans ce rôle du politique volage...

Depuis 1982 avait été mise en place la Haute Autorité de l'audiovisuel, dont les membres étaient renouvelables par tiers tous les trois ans, et une échéance arrivait en 1985. C'est à Latché, lors d'une de mes visites de l'été, que François Mitterrand suggéra de m'y nommer. C'était, disait-il, une fonction « sûre », et dans laquelle il souhaitait voir siéger un bon juriste. J'en serais membre pour neuf ans, mais j'avais la latitude d'en sortir plus vite si je le souhaitais. Une des conditions en était certes la démission immédiate de ma fonction de député – appartenir à la Haute Autorité était incompatible avec tout mandat électif – mais les questions de communication m'intéressaient, du moins le croyais-je, et j'acceptai sa proposition. Je devenais donc « inamovible », du moins en théorie : pas un instant je n'ai songé que, pour contourner ce statut, il suffisait de supprimer purement et simplement l'institution, et de la remplacer par une autre.

En vérité, j'ai de cette Haute Autorité et du temps que j'y ai passé un souvenir exécrable. Dire que j'y fus reçu avec réticence est un euphémisme : à de rares exceptions près, j'y étais perçu comme au mieux importun, au pire intolérable.

À peu près seuls gardaient quelque distance, dans la comédie grinçante que je découvris alors, Daniel Karlin et Paul Guimard. Peut-être parce que le premier était, entre autres, producteur d'émissions consacrées à la psychanalyse et le second écrivain : l'un et l'autre regardaient avec un soupçon d'ironie la grande foire aux vanités qui s'y déployait, avertis qu'ils étaient, par familiarité intellectuelle ou par intuition romanesque, des petites roueries et des grandes palinodies dont peut faire preuve la nature humaine.

J'étais arrivé en août, et à partir de septembre devait avoir lieu la nomination des directeurs des principales chaînes. Dans ce contexte, on me vit immédiatement comme chargé par Mitterrand d'une mission précise, qui consisterait à briser certaines stratégies minutieusement élaborées. C'était mal le connaître – ou plutôt mal connaître ses méthodes. Je n'aurais pas la naïveté de prétendre que ce qui se passait dans ce domaine de l'audiovisuel, si décisif pour l'avenir, lui était indifférent, et qu'il ne s'en préoccupait pas. Mais il aurait peu été dans sa manière de mettre en place, aussi ostensiblement, une sorte de « commissaire politique » : ses modes d'action étaient, dans des domaines aussi sensibles, beaucoup plus subtils. Il n'empêche que je dus subir une défiance perpétuelle – y compris de la part de celle et ceux que j'aurais pu tenir pour des amis. Pour ne rien dire de cet aristocrate dont la morgue à mon endroit était telle qu'il fallut, un jour, me plaquer sur ma chaise avant que je ne bondisse sur lui. L'eussé-je fait qu'il ne m'aurait pas sommé de le retrouver sur le pré : j'étais bien trop manant pour cela. Mais il était évident qu'il déplorait de ne pouvoir me faire rosser par ses gens...

C'est dire avec quel enthousiasme je parcourais le chemin qui menait du Trocadéro, où je logeais alors quand j'étais à Paris, à l'avenue Raymond-Poincaré, où se tenaient nos réunions. Le monde politique est loin d'être idyllique, les coups bas, les revirements, les procès d'intention n'y sont pas rares, mais c'est un lieu de pure transparence et de franche camaraderie au regard du monde de l'audiovisuel, du moins tel qu'il m'apparut dans ces années quatre-vingt-cinq. Il faut dire que les enjeux, politiques mais surtout économiques, étaient considérables autour des nouvelles chaînes, et les grandes manœuvres particulièrement complexes. Ce n'était pas ce qui me déconcertait : j'avais assez d'expérience pour mesurer ces enjeux et opposer aux prétentions excessives le droit – puisque c'était pour imposer cette rigueur que Mitterrand m'avait nommé à cette instance. Ce qui me stupéfiait, et très vite m'exaspéra, c'était plutôt l'incroyable suffisance qui régnait dans ce milieu : « La télévision rend fou », a dit Bruno Masure, et je pus le constater. La moindre notoriété télévisuelle faisait d'un homme ou d'une femme sans doute ordinairement sensé une outre gonflée d'arrogance, et un ennemi irréductible si la moindre menace semblait peser sur ces célébrités bien éphémères.

Il y avait bien sûr des personnalités plus solides – par une sorte de sélection naturelle, ce sont elles qui ont survécu à ces moments de délire – mais j'ai surtout le souvenir d'effervescences mondaines, de récriminations de fausses divas et d'interminables démonstrations d'autosatisfaction. Pendant ce temps, dans les coulisses, les grands industriels menaient tranquillement les tactiques de prise de pouvoir que nous étions quand même réputés réguler, au nom du droit et de l'intérêt public.

Cela dura des mois, mais seulement des mois – et pas les années qui devaient faire de ma nomination une « fonction sûre » : les élections législatives de 1986 virent le retour d'une majorité de droite et ce fut la cohabitation. Jacques Chirac, alors Premier ministre, avait choisi François Léotard comme ministre de la Culture et de la Communication, et une de leurs premières décisions fut la dissolution de la Haute Autorité, que remplaça la CNCL. Nous fûmes donc tous « remerciés » avec, il faut le dire, une rare brutalité. Certains, sentant le vent, avaient déjà prévu, ou accepté, des situations de repli mais ce n'était pas mon cas : je n'étais pas du sérail et nul ne m'avait fait la moindre proposition.

Je me retrouvai donc, du jour au lendemain, absolument sans ressources. Au chômage, à quarante-cinq ans, avec une famille – et pas d'ANPE : il allait me falloir ramer comme un fou pour faire redémarrer mon cabinet d'avocat et, en toute hypothèse, attendre un certain temps les éventuels premiers revenus. Quant à mon activité politique, elle marquait le pas : je n'étais plus conseiller général depuis 1983, et plus député depuis juin 1985 – dans les deux cas, j'avais démissionné, la première fois à la demande de Jean-Pierre Chevènement, pour son remplacement très éphémère à la présidence de Région ; la seconde fois pour cette fonction guère moins éphémère à la Haute Autorité. Seule une fortune personnelle m'aurait permis de tenir, et je n'en avais évidemment aucune. Ce fut un vrai moment d'angoisse, et même de découragement.

François Mitterrand voulut bien s'inquiéter de cette situation. Il me fit appeler par Jean-Louis Bianco, alors secrétaire général de l'Élysée, pour, me dit celui-ci, « me faire une proposition ». De fait, la proposition était flatteuse, et tentante : il s'agissait de me nommer au Conseil d'État. J'avais tout juste l'âge minimum requis pour être conseiller, et cette nomination m'aurait définitivement mis à l'abri des aléas de la politique. De ses bonheurs aussi, faits d'émotions, d'enthousiasmes, de convictions à faire partager. En un mot, de mouvement. Allais-je me choisir un avenir assis, en tête à tête avec des dossiers, alors que c'étaient les êtres – même difficiles, même ingrats, même versatiles – qui me passionnaient ? Et puis j'étais avocat, non pas juge. Abandonner le Territoire de Belfort, ce qui aurait été indispensable, me désolait également : c'était « mon pays », et j'avais assez lutté pour conquérir son estime, peut-être son affection. Je refusai.

Cette fois-là, Mitterrand fit vraiment une grosse colère. « Comment, me dit-il, vous êtes complètement inconscient ! J'ai soixante candidats qui se pressent à ma porte pour deux ou trois postes, je vous en offre un, et vous faites la fine bouche ? » Je lui redis que je mesurais l'honneur qu'il me faisait mais, ajoutai-je, dans cette fonction, je perdrais le sens de ce que j'étais, et du type de combat que je voulais mener. Il me congédia très sèchement, et je n'étais pas vraiment à l'aise en repassant le seuil de son bureau.

Il dut pourtant, en y repensant, avoir quelque indulgence pour mon point de vue – et ce qui pouvait passer pour une insolence : à quelque temps de là, Bianco me fit savoir que Jacques Delors cherchait des juristes connaissant le droit comparé pour examiner les possibles rapports entre législation européenne et législations nationales. Ce travail était parfaitement dans mes compétences, et je fus chargé d'une mission de six mois qui me permit de reprendre souffle.

On était à la fin de 1986, il y avait treize ans que je m'étais engagé en politique, j'avais été élu trois fois député, présidé une importante commission de l'Assemblée, siégé dans des instances de hautes responsabilités. Et, avocat presque à nouveau débutant à Belfort, j'étais quasiment revenu à la case départ.

Nombre des lois que j'ai contribué à faire adopter par le Parlement répondaient à la conviction profonde que, grâce à elles, il y aurait, dans le monde où vivent les citoyens de ce pays, plus de liberté, plus de solidarité, plus d'équité. En un mot, plus de civilisation. Mais aucune d'elles, je l'ai dit, ne m'a davantage tenu à cœur que l'abolition de la peine de mort. Pas seulement parce qu'elle supprimait ce scandaleux droit de tuer au nom de la justice, mais aussi parce qu'elle signalait qu'une certaine manière de penser les rapports entre membres d'une société sortait de l'archaïsme du talion, de l'équivalence primitive du crime répondant au crime, comme s'il y avait là une quelconque « réparation ». La peine de mort est la négation de la civilisation et de la démocratie : la société n'est pas instituée pour mettre la violence au pouvoir, elle l'est au contraire pour substituer le droit à la violence. Ce combat législatif pour l'abolition avait donc trouvé son achèvement dans la loi promulguée le 9 octobre 1981. Une réforme dont on pouvait être fier, même si trente-cinq États avaient déjà avant nous renoncé à la barbarie de la peine capitale.

La cause abolitionniste progresse. L'abolition a été inscrite dans la Charte européenne des droits de l'homme, ce qui signifie qu'un État ne peut aujourd'hui adhérer à l'Union européenne si la peine capitale figure encore dans son arsenal répressif. Au dernier recensement, 108 États dans le monde ont aboli ce droit de tuer sur les 189 États qui sont membres des Nations unies et, parmi eux, 25 pays ont renoncé en pratique à exécuter des condamnés à mort. Au niveau des opinions publiques, et particulièrement en France, la peine de mort s'abolit peu à peu également dans les esprits, en dépit d'une forte montée des angoisses sécuritaires. En témoigne un récent sondage, pourtant fait au lendemain des attentats du 11 septembre. De 1985 – date de la plus forte poussée des « pro-peine de mort » dans un contexte de controverse suscitée par les prises de position du Front national sur ce thème – à aujourd'hui, ces derniers sont passés de 65 % à 44 %. Encore faut-il pondérer ce dernier chiffre : puisque la peine capitale est abolie en France, une pétition de principe en sa faveur est sans réelle conséquence, d'autant qu'à l'exception du Front national, qui a inscrit son rétablissement dans son programme, la majorité des Français considère que le débat est, en toute hypothèse, dépassé.

Mais il est loin de l'être partout, et le combat n'est pas gagné. Cependant, quelques certitudes commencent à vaciller, même aux États-Unis où les exécutions de condamnés mineurs au moment des faits, ou déficients mentaux, sont ouvertement critiquées par des citoyens américains, qui n'apprécient guère de figurer parmi les cinq derniers pays, avec l'Arabie Saoudite, l'Iran, le Nigeria et le Yémen, à appliquer la peine de mort à ce type de détenus : Gary Graham a ainsi été exécuté le 26 juin 2001 à l'âge de trente-six ans, pour un crime qu'il aurait commis dix-neuf ans auparavant ! Étrange pays que celui où la religion est omniprésente, sinon obsédante, où la confiance en Dieu figure sur les billets de banque, où le nouveau Président prête serment sur la Bible, mais où la rédemption n'a pas droit de cité.

D'autant que ce même exemple américain témoigne régulièrement tant du caractère non dissuasif de la peine, et de l'inefficacité de sa prétendue exemplarité, que des risques d'erreur judiciaire condamnant des innocents à la mort. Pour ne rien dire des obscurs motifs qui régissent les verdicts : dans les prisons américaines, c'est dans les couloirs de la mort qu'on trouve la plus grande proportion de Noirs.

La lutte continue donc, et j'entends bien y participer activement. En juin 2001, au siège du Parlement européen à Strasbourg, j'ai eu la fierté de m'associer avec quarante-cinq autres présidents de Parlement à un appel lancé en faveur d'un moratoire mondial des exécutions, à l'occasion du premier Congrès mondial pour l'abolition universelle de la peine de mort. La société ne saurait tuer pour se venger, mais punir pour réhabiliter.

VII

Si ma situation semblait revenue, en 1986, à ce qu'elle était quatorze ans auparavant, je n'étais plus alors, à bien des titres, l'homme de 1972. D'autant que quelque chose d'essentiel avait changé dans ma vie, qui n'avait rien à voir avec les mandats électoraux : j'avais, quelques années auparavant, rencontré Dominique.

Il ne fallait pas être grand clerc pour pressentir que, passé les premiers temps d'exaltation que nous donnait le sentiment de jouer aux « grandes personnes », ce mariage entre deux adolescents qu'avait été mon union avec Christiane allait se heurter aux réalités et, avec elles, à des manières différentes de regarder le monde et d'envisager l'avenir. Je me refuse à dire, comme on le fait si souvent en ce cas pour reléguer aux profits et pertes un moment du passé, que ce mariage fut une « erreur de jeunesse » : il avait eu, en ce temps-là, son sens et sa raison d'être, et ni Pascal, Fabian, Lionel, qui me sont très chers, ne sont les conséquences d'une « erreur ». Il n'en est pas moins vrai que, entre Christiane et moi, un écart s'était creusé, et que nos chemins avaient divergé.

Je fis la connaissance de Dominique tout à fait par hasard : une relation commune nous avait mis en rapport alors qu'elle était confrontée à un problème juridique. Styliste de talent, elle avait ouvert une boutique de mode enfantine intitulée « Suce pouce » – une marque qui se trouvait être déjà déposée sans qu'elle n'en sût rien. Elle se retrouva donc poursuivie, et j'avais accepté de prendre en charge son dossier. Nos origines familiales étaient aux antipodes : ses ancêtres étaient des ostréiculteurs vendéens qui avaient pour certains émigré aux États-Unis – une ville de Louisiane, Cap Girardeau, porte encore leur nom – et son grand-père, Émile Girardeau, avait été un scientifique éminent. Polytechnicien, membre de l'Académie des sciences, il était le fondateur de la CSF, l'ancêtre de Thomson, et ses travaux sur le radar, dans l'immédiat après-guerre, étaient tenus pour décisifs. Fort sérieux dans la gestion d'une entreprise qui comptait alors une vingtaine de milliers de salariés, il avait été assez éloigné de l'image stéréotypée du grand bourgeois installé dans la quiétude d'une fortune et d'une réputation acquises, certainement à cause de cette effervescence intellectuelle qu'entretenait en lui sa passion pour la recherche – et je suppose que c'est de lui que Dominique a hérité sa totale absence de conformisme bourgeois. Il avait toutefois fait pour son fils Jean l'acquisition d'une propriété exquise, à une cinquantaine de kilomètres de Paris. C'était un endroit de rêve et, la première fois que j'y fus convié, je crus voir s'animer sous mes yeux une gravure de conte de fées.

Pour éloignés qu'aient été les lieux de mon enfance et ceux de la famille de Dominique, les hasards de la vie, et en l'occurrence de la guerre, avaient en quelque sorte anticipé un premier rapprochement. Il y a dans le Territoire de Belfort un charmant village, Suarce, à juste titre renommé pour son foie gras et, à peu de temps de nos premières rencontres, j'en apportai un bocal à la mère de Dominique. C'est une femme réservée et d'une parfaite élégance, peu portée à faire état de hauts faits passés, mais elle s'exclama en voyant le nom de « Suarce », qui lui rappelait bien des souvenirs. Pendant la guerre, celui qui n'était encore que son fiancé, le futur père de Dominique, avait failli s'y faire tuer lors d'une mission d'observation, quand un obus allemand avait rasé le clocher d'où il dirigeait les tirs d'artillerie, quelques minutes à peine après qu'il en était descendu. Quant à elle, elle suivait cette même armée de De Lattre de Tassigny comme ambulancière et, à Rechésy, un village proche de Delle, elle s'était portée, dans les lignes ennemies, à l'aide d'un capitaine français gravement touché. Elle était à son côté quand elle avait senti un canon de revolver sur sa nuque. Derrière elle se tenait un officier allemand. Fut-il désarmé, quand elle se retourna, par la beauté et le courage de cette très jeune fille d'à peine vingt ans ? Pensa-t-il au jour où, peut-être, lui-même serait atteint, en terre étrangère, sans la grâce de ce recours ? Il avait abaissé son arme, tourné les talons et avait disparu, la laissant secourir le blessé.

Cet exploit ne fut pas le seul à son actif, puisqu'elle est une des premières – et rares – femmes à avoir été décorée de la médaille militaire pour faits de bravoure, mais il me fit rêver aux liens étranges qui tissent obscurément nos destinées. Cela devait se passer dans un champ semblable à ceux que je devinais vaguement, du soupirail de la cave où mes trois ans avaient trouvé refuge, en 1944, lors des bombardements de Montreux et des combats qui suivirent. Dans ce Territoire de Belfort, à peine à quelques kilomètres de l'enfant que j'étais, ceux qui allaient devenir le père et la mère d'une enfant qui n'existait pas encore mais qui serait ma femme, manquaient de perdre la vie, et étaient miraculeusement épargnés. Et l'on voudrait que je n'entretienne pas avec cette terre des rapports tout particuliers ?

Dominique était – elle l'est toujours – belle, élégante, à la fois solide et fine, pleine d'esprit mais aussi de rigueur : je perdis le procès, mais pas la femme qui m'avait immédiatement séduit. Elle était elle-même divorcée, avait deux jeunes enfants, Stanislas et Benjamin, et elle accepta de me suivre dans mon odyssée. Cela n'allait pas de soi, c'est le moins qu'on en puisse dire : c'était un peu avant les années quatre-vingt, je n'étais ni centralien ni polytechnicien – la référence majeure de sa famille – mais un simple député d'« opposition », en l'occurrence « de gauche », ce qui n'était pas vraiment la position politique dominante dans son entourage. Il y avait encore pire : j'allais lui demander de me suivre dans le Territoire de Belfort, puisqu'il était pour moi à la fois exclu de ne pas habiter mon département et de me séparer d'elle. Mes concitoyens ne me tiendront pas rigueur, j'en suis sûr, si je dis que cela n'allait pas de soi pour une Parisienne de pure souche. En outre, Dominique venait d'être atrocement frappée par la mort accidentelle de Benjamin, qui avait alors deux ans et demi, et elle en était, on le conçoit, fragilisée.

Trouver notre maison ne fut pas le plus difficile, et ce fut l'occasion d'un de ces « croisements » du passé et de l'avenir que je trouve particulièrement délectables. Nos investigations ne donnaient pas grand-chose quand un ami notaire nous dit : « Il y a une belle demeure du dix-huitième siècle à vendre à Fontaine. Elle devrait vous plaire... » Dominique aima tout de suite cette maison aux proportions harmonieuses, cossue sans être ostentatoire, et le très grand jardin qui l'entourait. Quant à moi, dès que je la vis, j'eus un petit choc. Et pour cause : cette maison de Fontaine, j'y avais travaillé lorsque j'avais quatorze ans, et je me souvenais encore des heures passées à descendre les volets, à les coucher sur des tréteaux, les décaper, les poncer, les enduire, les repeindre. Je n'y étais jamais entré mais, par les fenêtres, j'apercevais les boiseries raffinées, les cheminées de pierre sculptée, les plafonds à fines moulures.

Le plus dur restait cependant à faire : il fallait à Dominique s'intégrer à un monde pour elle totalement nouveau, dont l'accueil fut d'abord mitigé. À nous deux, nous accumulions, au regard des mentalités provinciales de ces années quatre-vingt, bien des handicaps : j'étais, comme elle, divorcé – un grave écart à l'image traditionnelle de l'homme public – et ma nouvelle compagne était parisienne. Qui plus est, elle n'était pas précisément du genre épouse gris souris qui attend son seigneur et maître en faisant de la broderie. Elle entendait, à juste titre, poursuivre l'activité professionnelle qu'elle avait choisie et elle continuait à travailler dans la capitale, ce qui alimentait d'inépuisables bavardages. On ne savait pas vraiment quel métier elle exerçait, mais on chuchotait que cela avait à voir avec la « mode », donc un monde bien étrange, et qui sentait le soufre. On racontait également que c'était une « héritière » – une rumeur persistante lui attribua longtemps la propriété d'une grande marque de parfums. Bref, alors qu'elle devait ajouter à une lourde semaine de travail dans sa boutique les longues heures de train qui lui permettaient, le week-end, de me rejoindre sous les cieux quand même souvent incléments du grand Est, il lui fallait de surcroît supporter les coups d'œil inquisiteurs, les froissements de rideaux soulevés à son passage, les soudains silences quand elle entrait dans une boutique, les chuchotements quand elle en sortait.

Elle fit face à ces difficultés avec un courage et une égalité d'humeur dont je m'émerveille encore. D'autant que mes propres amis politiques ne furent pas toujours les plus prompts à l'accueillir : j'ai, nous avons, le souvenir de ces rencontres, de ces dîners où elle n'était pas conviée, parce que, disait-on, c'était « trop tôt »... Et elle comme moi aimons à nous souvenir, quelles qu'aient été nos ultérieures divergences, que Jean-Pierre Chevènement fut, alors, un des rares à être sans cesse soucieux de faciliter son insertion dans la communauté belfortaine.

Ces moments pénibles ne durèrent toutefois pas très longtemps. On comprit que la sympathie et l'intérêt de Dominique pour cette nouvelle vie et ce nouveau pays n'étaient en rien affectés, et la défiance se mua en chaleureuse adoption. Heureusement d'ailleurs, car je n'étais guère, pendant ces week-ends, un compagnon très présent. D'une manière implicite, nous nous étions, avec Chevènement, réparti les modes d'action. À lui les tribunes nationales, les interventions hautement médiatiques ; à moi la présence sur le terrain, l'attention portée au quotidien. Les samedis et dimanches, je passais mon temps à quitter le jean et la tondeuse à gazon pour le costume-cravate et les inaugurations ou réunions en tout genre. Et vice versa. Certains soirs, je devais faire face à quatre banquets à la suite, ce qui était quand même une rude épreuve. Parfois, un subtil agencement horaire me permettait d'enchaîner à la terrine de lièvre des premières agapes le suprême de volaille de la deuxième invitation mais, le plus souvent, le minutage se décalait et, ici, la fin des profiteroles au chocolat chaud coïncidait ailleurs avec un début de saumon froid mayonnaise qu'il était exclu de bouder...

Cela dit, j'aimais ces rencontres, les compagnons retrouvés, les souvenirs échangés. Je m'amusais aussi à mesurer les imperceptibles évolutions dans la chaleur d'une poignée de main, la sincérité d'une phrase de bienvenue, à constater les nouvelles amitiés affichées ou les fidélités désormais oubliées. Il y a du romanesque, au sens littéraire du mot, dans la vie politique, et il faut savoir s'en faire le lecteur attentif.

En ce début de 1987, si je demeure lecteur de ce roman vrai, je n'en suis plus acteur. Et je commence à m'interroger sur mon désir profond de reprendre un rôle dans cette intrigue-là. J'avais à peine vu grandir Pascal et les jumeaux ; Jérémy, notre fils né en 1979, a alors huit ans et, trop souvent, je lui impose des festivités qui ne sont pas pour lui des jeux. Il me parle de copains d'école et j'ai peine à mettre un visage sur ces prénoms. En somme, je ne vis pas pleinement ma vie familiale, j'en écoute le récit, et j'en souffre... J'ai le sentiment de passer à côté de quelque chose d'essentiel. Ai-je au moins des amis ? Plutôt des relations, surtout politiques, au mieux des camarades – et je viens de constater qu'on ne s'est guère précipité pour m'aider à reprendre pied, dans les difficultés professionnelles que je traverse. Dans ce désert, quelques rares mais notables exceptions, dont Philippe Boucher qui, à cette époque comme en d'autres aussi pénibles, ne se départit jamais, à mon égard comme à celui de Dominique, de la même chaleureuse et si précieuse amitié.

Si ce ne fut pas le lot commun, la faute en incombe-t-elle seulement « aux autres » ? Les amitiés, les vraies, ne se décrètent pas, elles s'apprivoisent, se nourrissent de lentes conversations, de silences aussi, au fil du temps. Je n'ai pas pris le temps, c'est le temps qui m'a pris, et peut-être piégé. Je me sens las, et plus encore troublé, inquiet : ai-je fait le juste choix, parmi tant de valeurs qui se révèlent, pour partie, contradictoires ? Les prochaines élections auront lieu dans un an, pour la présidentielle de 1988. Si Mitterrand est réélu, j'ai de réelles chances de pouvoir renouer avec la vie parlementaire, mais il est également possible qu'une page soit définitivement tournée. Il faut, de moi à moi, que je fasse sérieusement le point. Cette fois, justement, j'ai quand même le temps...

Je n'en eus guère. La nouvelle fit, dans le Territoire, l'effet d'un coup de tonnerre : le conseiller général du canton de

Delle, aux prises avec une affaire de fraude fiscale, venait d'être contraint de se démettre de ses fonctions. Il fallait donc procéder à une élection partielle. La nouvelle prit de court les appareils politiques, qui avaient élaboré leurs stratégies en fonction d'un autre calendrier. Je me décidai sur l'instant à présenter ma candidature – légitime puisque Delle était dans ma circonscription. Oubliés, mes états d'âme, pourtant sincères : le défi était trop tentant, comme sans doute le désir de prouver à certains qu'ils m'avaient un peu vite enterré... J'emportai l'élection sans grande difficulté, comme, un an plus tard, celle des législatives qui suivirent la réélection de François Mitterrand à la présidence de la République.

Cette rencontre avec Delle allait marquer une nouvelle étape importante dans mon insertion locale. La ville, la deuxième du Territoire de Belfort, a un passé industriel très riche, particulièrement dans le domaine de la mécanique, et une forte tradition ouvrière. C'est également une ville limitrophe de la Suisse, et un important lieu de passage à la fois touristique et économique. Le personnage essentiel de Delle et de son canton avait été, depuis des années, Denis Maire. Il en avait été conseiller général, puis avait été élu à la tête de la municipalité. Mais, pour des raisons qui m'étaient encore assez obscures, il semblait qu'on lui témoignait désormais une sorte de défiance : il s'était fait très sèchement battre en 1982, et n'avait pas été investi par le PS en 1987, lors du renouvellement cantonal. En 1989, on m'avait très vivement poussé à me présenter sur sa liste aux élections municipales et, après un succès dont l'étroitesse m'avait surpris, j'étais devenu son premier adjoint. Je compris mieux alors la situation : il traversait de graves difficultés personnelles, de nature psychologique, qui ne cessèrent d'empirer, au point qu'il lui devint très difficile de continuer à assumer son mandat. En dépit de la compassion que suscitait son état, la situation était devenue intenable, et, très objectivement, l'hypothèse de son nécessaire remplacement s'imposa. Il en prit conscience et démissionna en 1991.

Je fus immédiatement élu à sa succession. Je n'avais jamais exercé de fonction exécutive, et ce fut une passionnante découverte. La commune avait accumulé des réserves financières tout au long de ces années où les tensions, au sein du conseil municipal, avaient conduit à une quasi-absence de décision, ce qui nous permit d'entreprendre de vastes projets de rénovation sans recourir à un endettement excessif. La ville un peu sombre et triste, que les touristes avaient tendance à traverser en hâte pour passer en Suisse, est devenue une halte qui n'est pas sans charmes et, je crois, un lieu agréable à vivre pour ceux qui y habitent.

Toute action politique met en œuvre un rapport complexe, et sans cesse à réévaluer, entre monde du rêve et monde du possible, entre utopie et réalités. C'est vrai du travail législatif comme de l'exécutif. Ni l'un ni l'autre ne vont sans *projet*, c'est-à-dire, au sens propre, quelque chose qui vous « jette » vers l'« avant » – une vision de l'avenir mue par une énergie, donc un désir. Mais il y a dans l'élaboration de la loi une dimension plus conceptuelle, plus immatérielle aussi. Et, nécessairement, un laps de temps important entre une décision et la possibilité d'en évaluer les effets dans le réel de la société. La plupart des débats, à l'Assemblée – du moins ceux menés par des parlementaires, d'ailleurs nombreux, conscients de leur haute responsabilité –, se nourrissent de ces différences d'évaluation qui, sauf mauvaise foi avérée, ne sont pas intellectuellement illégitimes. Il en résulte toutefois un danger : celui d'en rester au seul maniement d'abstractions.

C'est pourquoi il me paraît si important de lester cette fonction législative et nationale d'une fonction exécutive et locale, au plus près du quotidien : la tête dans les idées, mais les pieds solidement plantés dans un sol réel. L'efficacité est liée à ce lien maintenu vivant entre la pensée prospective, spéculative, et l'expérience concrète : sans la première, on se condamne à une gestion sans imagination ni élan, vite amenée à ne proposer que répétition et ennui ; sans la seconde, on risque fort de ne plus évoluer que dans un monde illusoire, de bulles en bulles théoriques et verbales – pour ne pas dire verbeuses. Dans les rangs socialistes, Martine Aubry me semble un parfait exemple de cette aptitude à réfléchir au niveau le plus global sans jamais perdre un instant le sens – et le goût – des réalités. Rien, en elle, de cette schizophrénie propre à la gente politique : chez cette bosseuse acharnée, la compétence rejoint la joie de vivre. Elle est une personne à part entière – cœur, corps, esprit. Et non seulement j'aime les politiques qui ne passent pas à côté de la vie, mais je les crois les seuls profondément efficaces.

Le cumul des mandats, tel que l'ont pratiqué certains notables du passé, était évidemment préjudiciable au sérieux du travail accompli, et plus globalement à la démocratie. Mais une totale solution de continuité entre législateurs et élus locaux ne me semble pas plus souhaitable. Les scrutins locaux confèrent une légitimité au moins aussi réelle que celle qui résulte de la seule désignation par les partis, et les conduisent à ne pas céder à la tentation de constituer des assemblées faites d'apparatchiks prompts à se coopter.

Delle me donna ce bonheur de voir se matérialiser bien des rêves. Aménager les bords de la Bath, la rivière qui court dans la ville. Redonner aux façades des vieilles demeures leur décor du passé, jouer des bleus doux ou profonds, des vert amande ou tilleul, des roses et des roux. Retrouver sur d'anciennes gravures le dessin exact des fresques qui ornaient les corniches. Restaurer l'hôtel de ville et, grâce au savoir-faire des artisans locaux, lui restituer l'élégance chaleureuse dont l'avait doté, il y a des siècles, la virtuosité de leurs ancêtres. Car ces artisans-créateurs sont encore nombreux en France, et j'admire leur intelligence des matières qu'ils travaillent, des formes qu'ils font naître, du rapport subtil qu'ils instaurent entre beauté et utilité, au sens profondément « civilisé » qu'a ce dernier mot dans notre dix-huitième siècle. De cela, René Bourquin, qui réalisa les meubles de l'hôtel de ville de Delle, me donna le remarquable exemple. Mais justement, vouloir allier beauté et utilité, c'était aussi penser l'aménagement des carrefours, concevoir la médiathèque, faciliter l'installation des entreprises industrielles sans les couper du tissu vivant de la cité mais sans altérer son charme.

L'un de ces rêves dépassa mes espérances. Nous avions décidé de réhabiliter un ancien bâtiment orné d'une structure Eiffel et d'en clore un pan par une haute paroi en miroir. Quand l'échafaudage fut enlevé, je m'aperçus que, par un effet d'optique inattendu, s'y réfléchissait le clocher de l'église Saint-Léger. Ainsi s'instaurait, sur fond changeant de lumière et de nuages, le dialogue imprévu de la modernité et de la mémoire, du temporel et du spirituel. Oui, c'était, c'est une fierté et une joie que d'être maire de Delle.

Je repris, en 1988, le chemin de l'Assemblée nationale, où je retrouvai la commission des lois, avec un égal plaisir. M'y attendaient pourtant des heures particulièrement difficiles. Le premier choc fut personnel : au retour d'un voyage parlementaire en Russie, en mars 1990, une maladie d'abord mystérieuse me tomba dessus. Je maigrissais littéralement à vue d'œil – j'ai perdu quinze kilos en trois semaines – et, des yeux, il n'en manquait pas pour épier la manière dont mon visage se creusait, dont je flottais chaque jour davantage dans mon costume. Il était évident qu'on supputait mes chances de survie, et tout aussi évident qu'on les estimait précaires. Le diagnostic fut cependant assez rapidement posé – il s'agissait d'une thrombose : c'était sérieux, mais moins dramatique qu'on aurait pu le craindre. Je dus rester absent de l'Assemblée environ trois mois, et, à mon retour, nombre de mes confrères me regardèrent comme un rescapé tout juste en sursis : ils n'avaient pas, si j'ose dire, fait le deuil de mon deuil !

J'ai un bien mauvais souvenir de ces regards, et la compassion appuyée des uns m'était presque aussi pénible que les inquisitions très intéressées des autres. Il me revint que certains de mes « amis », tout en se désolant ostensiblement de ce « coup du sort » qui nous frappait, moi, ma femme et mes enfants, commençaient à échafauder des tactiques visant à ma succession politique : tout cela était bien triste, mais pour les autres « la vie continuait », n'est-ce pas ? Si, physiquement, j'avais terriblement maigri, j'avais simultanément l'impression d'être devenu, aux yeux de quelques-uns, diaphane... Ce fut une très étrange sensation que de se retrouver ainsi, brutalement, comme mis en lisière du monde des vivants.

J'avais eu peur, c'est vrai, mais je n'avais nullement l'intention de mourir. Et d'autant moins qu'un mois avant cet accident était né Arthur, mon cinquième fils – et le second de mon mariage avec Dominique. Cette naissance, onze ans après celle de Jérémy, avait été un moment d'une rare intensité.

Ma mère n'avait pas quitté Montreux-Château et, bien qu'elle ne l'exprimât que rarement, il était évident qu'elle était très fière de moi. Au moindre cadeau que je lui faisais, elle trouvait un prétexte pour montrer à toutes ses voisines ce que « le Raymond » lui avait donné. Et malheur à qui, chez elle, se serait étourdiment assis dans « mon » fauteuil : ma place m'était réservée en permanence, et nul n'avait le droit de se l'arroger. J'avais d'ailleurs intérêt à ne pas la laisser vide trop longtemps : Antoinette cochait le jour de chacune de mes visites sur son immuable calendrier des postes et dès que j'arrivais, le même rituel se déroulait. Le sourcil froncé, elle regardait sa vieille montre – Dieu sait pourquoi, sinon pour signifier sans doute que le propos était le temps qui passe –, constatait que cela faisait bien six ou huit jours que je n'étais pas venu, et immanquablement, quelle que soit l'heure, me demandait : « Tu as mangé ? Tu veux de la soupe ? » avant de remarquer, mi-sévère, mi-inquiète : « Tu n'es pas bien épais ! » En fait, avec Dominique, nous allions la voir quasiment tous les dimanches, fût-ce cinq minutes, et elle nous guettait du coin de sa fenêtre même si, quand nous entrions, elle feignait d'être prise par une absorbante occupation. C'était, sans phrases, de la douceur, et le sentiment d'une calme permanence.

Ainsi, avec ma femme, mes enfants, je me sentais profondément partie d'une constellation familiale d'où émanaient chaleur et lumière, mon activité de parlementaire me passionnait toujours : j'étais vraiment un homme heureux. Et c'est à ce moment que tout était menacé de la manière la plus radicale qui soit, par un risque mortel. Comme le disent nos actuels adolescents, cela m'a donné la rage. La rage de vivre, donc de me battre, avec les miens, contre la maladie : « elle » ne m'aurait pas, pas maintenant, pas au cœur de ce bonheur, dans cette maison de Fontaine que j'aimais tant. Quand le danger fut écarté, on y fit une fête inoubliable, pour marquer à la fois le baptême d'Arthur et ma résurrection. C'était en juin, et il y eut foule dans notre jardin, sous les sapins que Dominique replante après chaque Noël et dont la croissance inscrit dans notre décor familier la lente maturité de nos vies, sous le grand séquoïa, hélas brisé par la dernière tempête, sous le tilleul frère de celui de l'église de Fontaine, à l'ombre duquel, dit-on, Turenne se reposa.

À l'Assemblée, on prit peu à peu acte – je veux espérer que ce fut avec satisfaction ! – de ma renaissance. En tout cas, j'eus l'honneur d'en devenir un des vice-présidents en 1991. Je n'aime pas la vanité, mais je déteste au moins autant la fausse modestie : je crois sincèrement que ma candidature s'est très naturellement imposée, et il n'y eut ni intrigue ni manœuvre. J'ai cette forme particulière de chance qui fait que je suis là où il faut, quand il le faut, et qu'en ces moments mes compétences correspondent au besoin qu'on en a. Ce fut le cas en 1991, et à nouveau en 1999, quand je fus appelé à nouveau à la vice-présidence, lorsque Jean Glavany fut nommé au gouvernement. Cette synchronie, ce petit miracle de combinaison heureuse entre hasards et nécessités, m'a plusieurs fois été favorable, et je continue de m'en émerveiller.

En 1991, je suis donc, dans le domaine privé comme professionnel, un homme comblé, d'autant que je viens de sceller avec la ville de Delle un pacte municipal qui m'enthousiasme. Mais si, sur le plan local, les choses se mettent très heureusement en route, sur le plan national, les nuages s'amoncellent. La fin de la législature fut très dure à vivre. En 1988, le PS et ses alliés avaient obtenu 275 des 577 sièges de l'Assemblée, et le PC, 25. L'ensemble constituait arithmétiquement une majorité d'union de la gauche, mais sa réalité politique était discutable, d'autant plus que des dissensions profondes existaient entre le PS et le PC, en particulier sur les questions européennes. Le pays le sentait et, insidieusement, dès 1990, quelque chose s'était déréglé dans le rapport de la gauche et des Français, et le mal alla s'aggravant. Ce fut d'abord de la méfiance, puis une réelle vindicte. Nous fûmes nombreux à en être d'abord déconcertés. Contrairement à l'idée reçue, bien des hommes et des femmes politiques ne sont pas des animaux à sang froid, juste mus, au pire, par leur ambition personnelle, au mieux, par une idée désincarnée de l'intérêt général. Parce qu'il y a une passion politique, et je la tiens pour une des plus hautes qui soient, l'indifférence, puis l'abandon et le rejet sont vécus comme un désamour, avec la même surprise – qu'avions-nous fait ? ou pas fait ? ou mal fait ? – et le même désarroi. Bien sûr, nos « intentions » restaient bonnes, mais un pays qui vous a porté au pouvoir n'a strictement rien à faire, et c'est légitime, des « intentions ». Or l'évidence était là : la politique que nous faisions ne correspondait plus aux attentes du pays et, quoi que nous entreprenions, nous avions tout faux.

La sanction, comme on dit, fut cinglante : les élections de 1993 virent la débâcle de la gauche : de 275 qu'ils étaient dans l'Assemblée sortante, les députés PS et apparentés passèrent à 66 ! Cette Bérézina ne m'épargna pas, même si je n'échouai que de quelques centaines de voix. Mais, de peu ou de beaucoup, j'étais bel et bien battu, et cela pour la première fois depuis mon entrée en politique. J'avais beau m'y être préparé – le contexte général était désastreux, la situation locale complexe –, le coup fut rude. D'autant que se réitérait à peu près la situation de 1986, à la fois psychologiquement et matériellement. Mes seuls mandats de maire et de conseiller général ne pouvant me permettre de faire vivre ma famille, il me fallut reprendre le chemin du prétoire. Et je mesurai une fois de plus l'extrême fragilité des solidarités politiques. C'est une banalité : non seulement la défaite n'a pas les séductions de la victoire, mais elle est l'occasion de manifester sans grands risques de vieilles acrimonies ou de lointains ressentiments. En politique, le vieux *Vae victis* – « Malheur aux vaincus » – n'est jamais loin.

Cette fois encore, je fus bien près de jeter l'éponge. Mes interrogations et mes doutes concernant mes choix d'existence prenaient une nouvelle acuité en même temps que je reprenais pied dans une vie plus quotidiennement circonscrite au Territoire de Belfort. Paris s'était grandement éloigné de mon esprit et de mes appétences, et je respirais librement dans cet horizon moins borné que souligné par les Vosges et les monts du Jura.

J'aime profondément ce pays d'eaux dormantes ou courantes et de forêts de hêtres, de sapins ou d'épicéas. Chez moi, les rivières s'appellent la Savoureuse ou la Vendeline, et la grâce féminine de leurs noms sied parfaitement à leur nonchalant ou fougueux parcours, entre prés et bosquets. Certes, ce qu'on appelait au dix-neuvième siècle la « trouée de Belfort » fut de tout temps un chemin d'invasion, donc un lieu fortement militarisé, mais rien, ici, n'a la lugubre uniformité des paysages enrégimentés. La fameuse citadelle de Vauban elle-même atteint, dans sa subtile géométrie, à une forme de poésie abstraite et le lion de Bartholdi, qui allonge ses vingt-deux mètres de grès rose au pied d'un rempart, ajoute à la puissance une étrangeté pharaonique. Quant à la ville elle-même, elle est devenue depuis deux décennies, à l'initiative de son maire Jean-Pierre Chevènement, un festival de polychromie : sur plus de mille façades se font écho les rose saumon ou lilas, les ocre jaune et les bleu roi. Il y a désormais comme un air d'Italie entre la rue de l'As-de-Carreau et le faubourg des Ancêtres, dont ces derniers doivent se réjouir...

Mais le Territoire de Belfort, c'est autre chose aussi que l'héroïsme du passé ou le charme de traditions restaurées : sa vocation industrielle, dans ce qu'elle a de plus moderne, est bien affirmée. Avec bien sûr les incertitudes et les difficultés liées aux évolutions économiques. Au début des années quatre-vingt-dix, la disparition de Bull a créé un profond traumatisme. Outre la perte d'un des fleurons de l'informatique française, c'était plus d'un millier de salariés qu'il fallait reclasser. Nous y sommes parvenus, avec Christian Proust et Jean-Pierre Chevènement, et le nouveau technopôle de Belfort a permis de créer près de 1 400 emplois, retrouvant un niveau d'activité identique à celui des années Bull.

La vie industrielle du nord-est de la Franche-Comté s'appuie surtout sur les deux grands groupes que sont Peugeot et Alstom, et l'on sait, pour cette dernière entreprise, la renommée mondiale que lui vaut le TGV. Il faut cependant rester vigilant face à l'érosion du nombre de salariés et la mise en place de plans sociaux successifs. Pour ce qui nous concerne, élus de la région, nous le sommes.

C'est bien sûr le cas de Jean-Pierre Chevènement, mais aussi de Christian Proust. Depuis vingt ans président du conseil général du Territoire de Belfort, il a contribué de manière déterminante au développement du département, par son aptitude à concevoir, concernant la solidarité, l'emploi ou l'environnement, des stratégies d'ensemble, de véritables politiques publiques de grande qualité. Il est l'un des présidents de conseil général à avoir le mieux compris le rôle que, depuis la décentralisation, les départements devaient jouer au service de la démocratie locale. La profonde connivence qui règne entre nous trois, dès lors que l'avenir du département est en jeu, nous a permis d'affronter de délicates mutations comme celles liées à la reconversion du site belfortain de Bull, et celles découlant des évolutions qui ont ponctué la vie d'Alstom.

En dépit de ces préoccupations, la vie m'était douce, comme elle me l'est toujours dès que je retrouve le Territoire. J'ai à Belfort mes propres rites, les flâneries au marché aux puces, sous les marronniers de la place d'armes, une halte près de la vasque hexagonale de la Petite Fontaine, sur la place du même nom, une visite à la dernière exposition de la galerie du Vieux-Belfort, et surtout, bien que trop rarement à mon goût, la sacro-sainte cérémonie des courses au marché Fréry. Typique du style Baltard, il abrite sous son architecture métallique et ses verrières de couleur une foule de marchands qui y apportent les produits de leurs potagers ou poulaillers. Et pas question d'en repartir sans avoir acheté des œufs à Mme Attenbach et recueilli, sur l'élevage des oies ou canards, les conseils avisés que, mains croisées sur son impeccable tablier brodé, elle distille d'une voix douce où chantent et roulent cependant tous les torrents de son Alsace natale. Ni d'avoir fait, quand en vient l'époque, l'indispensable crochet pour se fournir en beignets de carnaval chez Jullerot. Mais nous n'achèterons plus nos carottes et nos haricots verts chez Marie Kalbe : cette figure familière du marché a rejoint un paradis qu'on lui souhaite plein de fruits et de primeurs.

Dans le jardin de Fontaine, les fleurs – toutes roses, au goût de Dominique dont c'est la couleur de prédilection – se multipliaient, les sapins grandissaient, et ceux plantés après la naissance de Jérémy, puis d'Arthur, nous disaient qu'eux aussi « poussaient », devenaient l'un un jeune étudiant, l'autre un jeune écolier, plus sûrement que ne l'auraient fait des encoches marquant leur taille, sur le chambranle de la porte de la grange. La grange, justement, nous avions décidé de l'aménager, et d'y prévoir une grande cheminée et une immense table, pour les repas de famille. Pourquoi me lancerais-je à nouveau dans des combats politiques éreintants, et parfois décevants ?

Mais pourquoi donc, au même moment, refusai-je obstinément les flatteuses et avantageuses propositions que me faisaient certains grands cabinets d'avocats, qui m'auraient tout entier absorbé ?

Jacques Chirac avait été élu président de la République en 1995, et les prochaines élections législatives devaient avoir lieu en 1998. Pour ce qui concerne l'élection présidentielle, on se souvient que deux candidats s'étaient présentés à l'investiture du Parti socialiste, Henri Emmanuelli et Lionel Jospin. J'avais choisi de soutenir Emmanuelli sans, je l'avoue, me poser beaucoup de questions. Il avait été présent à mon mariage, j'avais avec lui des relations d'amitié anciennes, même si elles étaient parfois rudes comme peuvent le deviner ceux qui le connaissent. Et puis il était le premier secrétaire du PS, et je suis essentiellement légaliste : je n'avais guère poussé plus loin le raisonnement. Dans tout cela, il n'y avait aucune considération de courant, de tendance, de chapelle ou de club. Même aux époques où, siégeant à l'Assemblée, j'étais plus familier des débats internes du PS, je m'étais toujours tenu à l'écart des cours et des cénacles. Question de nature : je ne suis sans doute pas ce qu'on appelle un intellectuel, les grandes constructions théoriques ne m'intéressent que pour ce qu'elles nourrissent de possibles applications pratiques, et si d'autres considérations peuvent se mêler à mes choix, elles sont plus liées à des inclinations et fidélités amicales qu'à l'élaboration de stratégies à multiples détentes ou « jeu à trois bandes » sophistiqué. À ces raisons personnelles s'ajoutait que, depuis 1993, j'étais un peu en retrait de la vie politique nationale, dont je ne percevais que de loin les nouvelles nuances et évolutions. En somme, si je tentais une problématique autodéfinition, je me qualifierais, du moins pour partie, d'homme politique affectivo-pragmatique, ce qui est, j'en conviens, une configuration assez singulière dans ces milieux.

En l'occurrence, l'affectif prévalut sur le pragmatisme, ou du moins sur une analyse rigoureuse du réel, et je défendis donc la candidature d'Henri Emmanuelli devant ma fédération. J'y fus d'ailleurs nettement battu, ce qui me fit quand même réfléchir. Et selon le même légalisme qui avait conduit mon premier choix, je me lançai avec détermination, aux lieux où j'avais quelque audience, dans le soutien de la campagne présidentielle de Lionel Jospin, dès qu'il fut investi. À voir comment montait en puissance, au cours des semaines, sa candidature, quel mouvement il suscitait, quel enthousiasme même – que s'en souviennent donc ceux qui veulent ne voir en lui qu'un homme certes rigoureux mais dénué de charisme ! –, je compris vite qu'il était pour nous le « bon » candidat. Si je pus avoir quelques regrets d'avoir un temps méconnu cette dimension politique de Lionel Jospin, je n'en eus pas, pour être parfaitement franc, de remords : j'avais, en donnant d'abord mon adhésion à Henri Emmanuelli, obéi à une logique qui m'était propre, celle de la fidélité, et rien d'autre ne m'avait guidé que cette cohérence personnelle.

Ce fut effectivement une campagne exceptionnelle et comme beaucoup, au soir du premier tour, j'ai eu un grand coup au cœur quand on annonça que Jospin arrivait en tête des trois principaux candidats. La performance était étonnante – nous étions à deux ans du désastre de 1993 – mais on savait, et lui le premier, qu'il ne s'agissait là que d'un premier signal, et qu'on devrait attendre encore un peu une plus nette reconnaissance de cette dimension d'homme d'État alors révélée.

À la stupéfaction quasi générale, il apparut que ce signal avait échappé au principal intéressé, à savoir Jacques Chirac. L'annonce de la dissolution, début 1997, me laissa sans voix. Sur le plan politique, le raisonnement, et les estimations qui y avaient conduit, me furent inintelligibles. Sur le plan personnel, j'étais dans une totale indécision : un vide s'ouvrait, dont j'avais le plus grand mal à percevoir les contours. Nous pouvions peut-être le combler, et c'était pour nous un nouveau départ. Et pour moi, si je m'engageais une fois encore, un pari. Car je pouvais tout aussi bien sombrer, cette fois avec peu de chance que cela ne soit pas définitif : deux échecs à la suite auraient été très durs, voire impossibles à remonter.

Une dissolution a cela de particulier qu'elle raccourcit tous les délais, ne laisse aucune place aux subtils jeux politiciens, calculés selon de complexes « effets billard ». Il faut se lancer, se battre – et attendre le verdict des électeurs. Exactement le *tempo* qui me convient. J'étais reparti ! Cette anticipation d'une année des échéances eut, sur le corps électoral, dans ma circonscription, trois effets décisifs. Beaucoup avaient encore en mémoire la campagne de Lionel Jospin, avaient vécu la victoire de Jacques Chirac comme une frustration et entendaient bien, puisque le succès de la gauche mettrait de façon quasi certaine le premier à Matignon, trouver là leur revanche. Mon rival heureux de 1993, Jean Rosselot, un universitaire RPR d'ailleurs sympathique mais passablement brouillon, n'avait pas marqué le Parlement : le seul texte qu'il y avait défendu portait sur les conditions de passage des hauts fonctionnaires dans le secteur privé, ce qui n'avait guère suscité un intérêt massif parmi les Belfortains. À l'inverse, quatre ans n'avaient pas effacé les souvenirs qu'ils avaient de mon action de vingt années à l'Assemblée. Enfin, *last but not least*, les petites divisions internes ou les rivalités entre « alliés » de plus ou moins bonne foi n'avaient pas le temps de manifester leur toxicité. En deux mois, il fallait avancer au pas de charge, aller à l'essentiel, prendre l'adversaire en tenaille et emporter la bataille. Ce qui fut fait.

De Belfort, je vis à la télévision, vers une heure du matin, apparaître Lionel Jospin au balcon de la Maison de l'Amérique latine où l'attendaient, exténués mais euphoriques, ses supporters parisiens. Avec 319 députés contre 288 pour la droite, la gauche, une gauche devenue « plurielle », était à nouveau majoritaire au Parlement, mais avec un président de la République chef de file de ce qui était désormais l'opposition. Commençait, pour cinq ans, la troisième cohabitation, et la plus longue que la France ait jusqu'alors connue.

Le pouvoir politique existe, non de façon anarchique et désordonnée, mais dans le cadre d'institutions qui en définissent l'organisation raisonnée. Et parmi elles, en tout premier lieu, le Parlement. Toutefois la plupart des Français n'ont de l'activité parlementaire qu'une vision limitée ou biaisée, liée aux seules images retransmises par la télévision. Ils savent peu, ou mal, que le travail essentiel, décisif, est accompli au sein des commissions, où leurs députés réfléchissent, dialoguent, débattent, pour élaborer ou améliorer la loi qui sera ensuite votée en séance. Car la loi n'est pas faite lorsqu'elle sort du Conseil des ministres, et l'Assemblée nationale n'est pas une simple chambre d'enregistrement de décisions prises ailleurs qu'en son sein. D'ailleurs, elle-même a un réel pouvoir de décision, et ce qu'on appelle l'« initiative parlementaire » n'est pas un vain mot : un tiers des textes adoptés lors de la session 2000-2001 étaient des propositions de loi, c'est-à-dire dont le projet émanait de l'Assemblée elle-même. Enfin, l'évaluation et le contrôle de l'activité gouvernementale font partie des prérogatives que la Constitution confère à l'Assemblée.

Mais pour que l'Assemblée nationale remplisse bien sa vocation première, être la « caisse de résonance » qui donne à entendre et faire entendre les aspirations des Français afin qu'elles trouvent une traduction effective dans leur quotidien, il est nécessaire que ceux-ci la perçoivent comme telle. Malheureusement, par manque de formation et d'information, ils peuvent avoir le sentiment que le système fonctionne en vase clos, que les institutions tiennent mal compte de leurs préoccupations. D'autant que le temps de la démocratie, de l'élaboration de la loi – qui est celui de la réflexion et de la maturation –, ne coïncide pas avec le temps des médias – qui est celui de la réaction et de l'immédiateté –, et ce décalage est souvent préjudiciable à une réelle compréhension du travail du Parlement. Enfin, les Français ont parfois l'impression que l'Assemblée est insuffisamment représentative de leur diversité.

Pour ce dernier point, je ne crois pas que la question se pose en ces termes. L'Assemblée n'a pas pour vocation de s'intéresser à tel ou tel groupe social ou professionnel. Elle doit s'informer – elle a les moyens de le faire, par l'intermédiaire des auditions en commission, ou tout simplement par les rencontres du député en circonscription – et prendre en considération la singularité des uns et des autres lorsqu'elle vote la loi. Cependant, la force du député, c'est précisément de ne pas être un technicien, mais un très bon généraliste, capable de comprendre les univers et les préoccupations de chacun, pour les inscrire ensuite dans l'horizon de la communauté.

Afin de pallier ces lacunes et de surmonter ces difficultés, un effort d'explication, un travail sur le terrain, avec les citoyens, est indispensable. Ce qui ne va pas sans une pédagogie de la chose publique et une pratique réelle de la démocratie, à tous les âges de la vie. Pour les plus jeunes, cette mission est d'abord celle de l'école, mais l'Assemblée natio-

nale participe à cet apprentissage de la citoyenneté en organisant chaque année, depuis maintenant six ans, le Parlement des enfants. Pendant une journée, 577 « députés juniors » sont réunis dans l'Hémicycle pour élaborer et voter une proposition de loi, qui peut devenir une loi de la République si elle est reprise et votée par les députés adultes.

Bien sûr, le Parlement doit s'ouvrir pour que chacun puisse juger des actes et des décisions de ceux qui les représentent; pour que l'ordre du jour de l'Assemblée nationale fasse écho à l'« ordre du jour » des questions qui occupent ou préoccupent les citoyens; pour que l'institution se rapproche d'eux et nourrisse leur désir de république. Mais c'est également à eux-mêmes de prendre la parole, de ne pas se contenter d'une logique de réaction aux interpellations ou interventions du pouvoir politique. Ainsi chaque citoyen sera un acteur responsable du débat public, et non plus le spectateur sans voix ni pouvoir que, entre deux consultations électorales, il accepte trop souvent d'être. Et sera réduite cette « fracture légale » qui semble parfois exister entre les Français et leur Parlement.

VIII

La législature qui s'ouvrait promettait d'être passionnante, et notre nouveau Premier ministre lui donna une rare impulsion. Avec lui, nous allions passer du Minitel aux nouvelles technologies de l'information et de la communication. La parité, le Pacs, la fin du divorce pour tort, le droit des pères, la pilule du lendemain, pour n'en rester qu'aux questions de société, ce serait lui. Il y avait de quoi s'engager avec enthousiasme dans cette nouvelle commission des lois que j'avais rejointe. À l'Assemblée, Jean-Marc Ayrault avait pris la présidence du groupe socialiste, et c'était un plaisir de travailler avec ce militant calme mais déterminé, qui apportait toute la tonique vigueur de ses terres océaniques natales. Et puis, dans l'horizon immédiat, il y avait le premier secrétaire du PS, François Hollande, sa rondeur cachant un humour incisif, une volonté sans faille et une autorité qui s'imposa très vite. Dans trois ans – ou quatre selon les calculs – ce serait le fameux passage au vingt et unième siècle : il s'agissait d'être à part entière acteurs de notre modernité. Et c'est peu de dire combien je souhaite qu'avec Lionel Jospin nous puissions, à l'issue des prochaines échéances électorales, aller plus loin, ensemble, sur ce chemin.

Les conditions dans lesquelles je suis à nouveau devenu vice-président de l'Assemblée, en 1999, furent assez différentes de celles de 1991 – et décisives pour mon avenir. À la commission des lois, je préparais un rapport sur un projet de constitution européenne quand Jean Glavany fut appelé au gouvernement et qu'on me proposa de le remplacer à la vice-présidence. Or le contexte était très particulier : devant Laurent Fabius, alors président de l'Assemblée, se profilait le procès du sang contaminé, qui devait avoir lieu devant la Haute Cour de justice de la République. C'était pour lui une terrible épreuve – et la banalité de l'expression rend mal compte de la réalité –, bien plus encore psychologiquement et humainement que politiquement. Il devait également prévoir son indisponibilité, qu'on espérait momentanée mais dont on ne pouvait prédire la durée. En la circonstance, ce serait le premier vice-président qui assumerait ses fonctions. Qu'il ait alors suggéré mon nom, alors que je ne faisais pas partie de son « courant », me demeure une fierté.

En temps ordinaire, le premier vice-président se contente de remplacer le président pour certaines cérémonies ou certaines séances, quand celui-ci est requis ailleurs. La fonction que j'allais devoir assumer serait assez différente : la période qui s'annonçait était marquée par une totale incertitude. Combien de temps durerait le procès ? Quelle serait son issue ? Allait-on assister à des dérives, à des exploitations politiques dans l'Hémicycle ? Et, pour moi, comment gérer cette position ambiguë qui consisterait à « faire office » de président sans l'être réellement ?

Le juriste que je suis se plaît à établir une distinction, au moins intellectuelle, voire éthique, entre les notions de « pouvoir » et d'« autorité ». Un pouvoir est en général « conféré » par une instance ou une institution – comme le pouvoir d'infliger une sanction ou au contraire de reconnaître une valeur, par exemple en décernant un diplôme. Et si l'on peut espérer la plus grande adéquation possible entre les personnes détentrices de ce pouvoir et les responsabilités qui leur sont confiées, chacun a hélas connu de fâcheux cas contraires. L'autorité est tout autre chose, une qualité qui ne prend sa source que dans la valeur individuelle : on « fait autorité » grâce à des compétences, des comportements, et leur reconnaissance par une collectivité. En l'occurrence, j'allais avoir un « pouvoir » délégué, qu'il me faudrait en quelque sorte compléter par l'« autorité ».

L'absence de Laurent Fabius dura un mois et demi, et la justice l'ayant heureusement emporté sur des passions et des émotions qui n'étaient pas toutes excusables, le procès se termina, comme on sait, par un jugement de relaxe, le 9 mars 1999. Je sortis de cet « intérim » totalement épuisé : la tension avait été extrême, et l'urgence quotidienne interdisait d'adopter une vitesse de croisière. Certains jours, je craignais presque de ne pas tenir toute la durée de la séance. Puis tout se remit en place. Cependant, il devint vite assez sensible que Laurent Fabius envisageait de prendre d'autres responsabilités. Il fut d'abord question de la direction du Fonds monétaire international, qui l'aurait conduit à Washington, donc écarté de l'Assemblée nationale. J'entendis avec une certaine surprise ces rumeurs, et je mentirais si je disais que la question de l'éventuelle vacance de la présidence de l'Assemblée ne m'a pas alors effleuré l'esprit. Mais le monde politique n'est pas avare en bruits et chuchotements, et je n'y attachai qu'une attention limitée.

Le dimanche 26 mars 2000, j'étais à Fontaine quand le téléphone sonna. Cette fois, ce n'était pas encore une information mais c'était davantage qu'une rumeur : dans ce qu'on a coutume d'appeler les « milieux bien informés », on parlait beaucoup d'un remaniement ministériel imminent et, dans ce cadre, d'une éventuelle nomination de Laurent Fabius à un poste gouvernemental. Ma toute première réaction fut de me réjouir, si elle s'avérait, de cette union retrouvée entre Jospin et Fabius, et de l'intelligence politique dont elle témoignait. Et puis, quand même, je décidai de rentrer à Paris un peu plus tôt que prévu : en toute hypothèse, si Laurent Fabius était nommé au gouvernement, il faudrait assurer la continuité de la présidence et, en tant que premier vice-président, je devais veiller à la transition avec son éventuel successeur. Pensais-je alors être ce successeur ? Je faisais tout pour accrocher ma pensée à d'autres sujets, des sujets pratiques – des questions de délais, d'organisation. Il y avait évidemment de la conjuration dans cette attitude, mais je ne m'autorisais rien de plus qu'un « on verra bien »...

C'est dans la voiture qui me ramenait d'Orly le lendemain que je reçus l'appel de Laurent Fabius, qui me demandait de le rejoindre immédiatement dans son bureau de l'hôtel de Lassay. Là, j'ai eu un petit coup au cœur : peut-être que... Il devait être midi quand je le retrouvai. Quand il m'a dit : « Il est possible que j'entre au gouvernement... », je l'ai interrompu : il devait quand même bien savoir s'il y entrait ou non ! L'annonce du remaniement était prévue pour dans quelques heures, peut-être même quelques minutes, et il était le premier concerné. « Oh, me répondit-il, jusqu'au dernier moment, on ne sait jamais... » Nous avons allumé la télévision deux minutes avant le journal de treize heures, qui ouvrit sur cette nouvelle : Lionel Jospin a remanié son gouvernement, et Laurent Fabius est nommé ministre de l'Économie et des Finances. Alors il a eu un geste très étonnant pour quiconque connaît sa réserve et son caractère fort peu effusif : il s'est levé, m'a pris dans ses bras et m'a embrassé. J'en ai été stupéfié, et plus encore ému. Sans doute y avait-il, derrière cette bouffée d'émotion, la réminiscence des terribles moments traversés quelques mois auparavant, et le souvenir de l'aide que j'avais pu alors, et de bien grand cœur, lui apporter.

L'incertitude était pour lui terminée ; pour moi, elle commençait. Quelques instants après cette annonce, il m'avait dit « Voilà, tu vas être président de l'Assemblée nationale », ce que j'avais prudemment tempéré. Pour ce qui le concernait, c'était fait, mais il en allait différemment pour moi, même si j'avais compris que la question avait été évoquée avec le Premier ministre, qui ne s'y était pas opposé, ce qui m'avait également rempli d'une grande fierté. Seulement la présidence de l'Assemblée nationale ne relève pas d'une nomination et si l'acquiescement de Lionel Jospin était de toute première importance, il n'était pas suffisant : je devais être désigné par le groupe socialiste du Parlement, puis élu – au scrutin secret – par l'Assemblée.

Le vote eut lieu le mercredi suivant ce lundi, et je ne peux pas dire que j'aie vécu ces deux jours dans une totale sérénité d'esprit. Bien des ambitions, qui pour certaines n'étaient d'ailleurs pas illégitimes, fleurirent dans ces quarante-huit heures. Et quand je dis « fleurirent », c'est à peine une métaphore : j'avais l'impression de suivre un de ces films où la croissance d'une fleur ou d'une plante est restituée « en accéléré ». Je voyais, parfois avec un brin de stupeur, poindre puis s'épanouir des revendications, se dessiner des alliances inédites. Qu'on ne s'attende pas à ce que je prétende avoir regardé tout cela avec une parfaite équanimité d'humeur. François Hollande me disait : « On a des difficultés... », Jean-Marc Ayrault renchérissait : « Ce n'est pas vraiment fait... », et je ne me sentais pas très bien. Je n'en rougis pas : cette Assemblée était mon monde depuis plus de vingt-cinq ans, et je lui avais consacré toute l'énergie dont j'étais capable ; j'avais envie de cette fonction, je me savais apte à l'assumer.

Je ne fus pas seul à le penser. Après quelques ultimes déclarations, le groupe socialiste me désigna à l'unanimité comme son candidat, et je fus élu par l'Assemblée en totalisant non seulement l'ensemble des voix de la gauche plurielle mais aussi une vingtaine de suffrages supplémentaires, ce qui suppose, fait assez exceptionnel et de bon augure pour la suite, que s'étaient portées sur mon nom les voix de quelques députés d'opposition.

Comment dire ce que furent mes sentiments d'alors, sans tomber d'un côté dans une affectation de froideur, de l'autre dans le mélodrame mâtiné de *success story*, genre « De la maison du cimetière à l'hôtel de Lassay » ? Je ne m'y risquerais pas. Mais je suis sûr que celles et ceux qui ont bien voulu me suivre pendant ces pages me comprendront si je dis seulement que j'ai eu un bref sentiment d'irréalité, puis un formidable bonheur. Avec un unique regret, mais poignant : ma mère était morte en décembre 1998 et l'athée que je suis eut une fugace bouffée de rêve... Et si, d'on ne sait où, elle voyait « cela » ? Au moins fut-elle présente quelques moments dans l'Hémicycle, le temps de mon discours d'investiture.

Ce jour-là, je découvris pour la première fois le grave et beau rituel qui, depuis l'an VIII, accompagne le chemin du président de l'Assemblée vers l'Hémicycle. À partir du cabinet du départ, il traverse la salle des fêtes, accompagné du secrétaire général de la présidence et de son directeur de cabinet – pour ce qui me concerne, une directrice de cabinet, Martine Denis-Linton, dont je connaissais la calme compétence et la souriante rigueur –, pour atteindre la rotonde où deux gardes républicains le saluent sabre au clair. Puis, entre deux haies de gardes républicains, il remonte la salle des pas perdus jusqu'à l'entrée de l'Hémicycle où le salue à son tour le général commandant militaire du Palais-Bourbon. Et, pendant tout ce temps, se répercutent sous les plafonds et les voûtes les longs roulements des tambours qui battent « aux champs ». C'est au général Querry, actuel commandant militaire du Palais-Bourbon, et lui aussi belfortain, que je dois de connaître l'histoire et le sens profond de ce cérémonial militaire, demeuré quasiment inchangé depuis près de deux siècles : il s'agit de marquer la souveraineté des assemblées parlementaires, et la préséance de l'autorité civile sur l'autorité militaire, qui ne peut entrer dans l'enceinte du palais sans une réquisition de président. Car, comme le rappelait en 1869 un futur président de la République, Jules Grévy : « Le Corps législatif, issu du suffrage universel, représente, dans la sphère de ses attributions, la souveraineté nationale ; il est, dans sa sphère, un pouvoir souverain. Or il est de l'essence d'un pouvoir souverain de ne dépendre que de lui-même pour tout ce qui intéresse sa sûreté. S'il est soumis à un autre pouvoir pour sa défense, il n'est pas indépendant, il est sous le glaive. Le droit pour le Corps législatif de veiller lui-même et de pourvoir à sa sûreté est donc une condition nécessaire de son indépendance et de sa souveraineté. » On ne saurait trop respecter les symboles, d'autant que celui-ci, d'une si forte signification pour l'esprit même de la démocratie, est d'un coût bien modeste : celui des quelques litres d'essence (au tarif militaire) nécessaires au transport des gardes républicains de leur caserne parisienne à l'Assemblée.

Cette cérémonie a beau se réitérer à chaque séance de l'après-midi, pas une seule fois je ne l'ai vécue sans ressentir presque physiquement la solennité de cet hommage de la République non à un homme mais, à travers lui, à l'éminente fonction de législateur que la Révolution conféra, au prix de tant de sang et de larmes, aux représentants du peuple souverain, désormais égaux en dignité, quelle que soit leur origine. On peut mesurer quel sens cela prenait pour moi.

Mais la dignité entraîne la responsabilité. Pour tous, et singulièrement pour le président. En fait, je découvris ce que je n'avais fait que soupçonner lors de mon intérim : cette fonction excède de loin l'image qu'on peut s'en faire de l'extérieur. Et l'extérieur commence très près, au bout du court chemin qui sépare le Palais-Bourbon de l'hôtel de Lassay : de l'un à l'autre, il n'y a que peu de contacts, et les députés connaissent mal les tâches qui incombent au président de leur assemblée. Quant au public, c'est à peine s'il voit, au hasard d'une « question d'actualité » évoquée au journal télévisé, ce personnage juché au « perchoir », dont il n'imagine pas qu'il ait d'autres fonctions que de veiller du mieux possible à la bonne tenue des débats.

S'agissant de ces débats, je n'ignore pas que le public peut être déconcerté par le spectacle qu'il en voit : des travées souvent aux trois quarts vides, et si elles sont pleines, parfois des attitudes qui lui semblent bien proches de celles d'une classe chahutant, selon les cas, le prof de maths ou le prof de français. Mais justement, le « spectacle » n'a que peu de rapport avec la réalité du travail parlementaire. Pour ce qui est de l'absentéisme, il faut savoir que la phase que l'on voit dans l'Hémicycle est la dernière du long processus législatif, fait d'études, d'auditions d'experts, de délibérations et confrontations en commission : le jour du « vote », ne sont en général présents que les spécialistes, qui peuvent apporter les ultimes arguments pertinents. Et comme on ne peut être compétent en tous les domaines, cela ne représente en moyenne qu'un vingtième de l'ensemble des députés. Ce qui ne signifie en rien que les autres n'aient pas travaillé ou délibéré sur le projet de loi. Je dirais même que les députés les plus visibles, particulièrement lorsqu'une séance est retransmise à la télévision, n'ont pas nécessairement été les plus laborieux lors des essentielles réunions préparatoires...

Quant aux « bruits divers » et autres « rumeurs sur les bancs » qui émaillent – entre parenthèses et en italique – les retranscriptions de séances publiées par le *Journal officiel*, pourquoi s'en étonner ou s'en indigner ? L'Assemblée est par nature un lieu de parole, et d'affrontement entre majorité et opposition. Il en va du libre exercice de la démocratie, et il y aurait tout à craindre d'une Chambre muette ou uniquement approbatrice. Cela ne se connaît que dans les régimes totalitaires, où elle n'est qu'un alibi pour des pouvoirs dictatoriaux. Bien sûr, il y a, à droite comme à gauche, quelques députés qui ont parfois une fâcheuse tendance à confondre sens du bien public et de la publicité, et c'est la tâche du président que de contenir leurs débordements. Le règlement, qui définit les temps de parole, lui en donne le pouvoir, sa personnalité doit lui permettre d'en avoir l'autorité. Et puis, en toute hypothèse, c'est lui qui détient l'arme absolue : c'est du « perchoir » que s'ouvrent ou se ferment les micros...

En fait, cette gestion des débats est une occupation très limitée dans l'emploi du temps général d'un président de l'Assemblée. Quatrième personnage de l'État dans la hiérarchie de la République, il est le *primus inter pares* de la représentation nationale donc, en dernière instance, celui de chacun des citoyens qui, dans l'exercice de la démocratie, ont élu leur député. Même si l'expression sonne de manière un peu emphatique, on peut dire qu'il est, à son lieu, « la voix du peuple souverain », et je suis toujours frappé de voir que ce statut est beaucoup plus sensible aux chefs d'État ou responsables politiques étrangers qu'aux parlementaires français.

J'en ai fait le constat à plusieurs reprises, que ce soit lorsque j'ai reçu, en octobre 2000, Vladimir Poutine ou le commandant Massoud, en avril 2001. J'ai un souvenir très vif de ces deux visites. Pour le second, j'ai été, en Europe, le seul président d'un Parlement national – il rencontra également Nicole Fontaine, au Parlement européen de Strasbourg – à le recevoir. À l'époque, son nom était loin d'être aussi universellement connu qu'il l'est aujourd'hui. C'était un homme très impressionnant, doté d'une grande rigueur intellectuelle et d'une volonté peu commune. Rien, vraiment, du guerrier courageux mais un peu fruste qu'en avait fait l'imagerie douteuse dont se repaissent trop souvent nos suffisances occidentales. Je fus d'abord frappé par son étonnante beauté, par son élégance, au sens le plus profond, le plus grave du mot. Il était coiffé du traditionnel *pacol*, vêtu à l'afghane, mais c'est peu que de dire qu'il ne détonnait pas dans le précieux décor de l'hôtel de Lassay. Bien au contraire, sa présence était d'une telle intensité que les objets et les décors venus d'une autre histoire que la sienne s'ordonnaient naturellement autour de lui. Et en même temps, on sentait qu'il était ici exactement celui qu'il était – « le Lion du Panshir » – là-bas. Mais cet homme habité d'une calme conviction était aussi un homme au désespoir, devant le désastre où un régime inique avait entraîné son pays. Il venait demander de l'aide au peuple de France et, ce jour-là, il fut au moins, en son nom, écouté par moi, sinon réellement entendu par le pays.

Je fus également surpris par Vladimir Poutine. Comme nombre de Français, j'avais, de l'homme, la vision que m'en avaient donnée quelques séquences télévisées, et je ne lui trouvais pas une personnalité confondante. Il me semblait plutôt terne, pour ne pas dire uniformément gris, timbre de voix inclus. À côté de la truculence de Boris Eltsine, il faisait falot... Bref, je voyais un peu en lui un fonctionnaire du KGB, surtout promu au rang qu'il occupait par les circonstances politiques confuses qu'avait traversées la Russie. Dès que je l'ai vu entrer dans l'hôtel de Lassay, avec cette étrange démarche chaloupée qui doit lui venir de sa longue fréquentation des tatamis de judo, j'ai soupçonné mon appréciation d'être bien superficielle : il se dégageait de lui une sorte de densité ramassée, concentrée, très impressionnante. Et quel regard bleu profond, incroyablement mobile, aigu ! Un homme dur, sans aucun doute, peut-être impitoyable, mais, pour reprendre une expression familière, il était loin de « flotter dans son costume » d'homme d'État.

Dans son emploi du temps chargé, notre entretien avait été prévu pour durer vingt-cinq minutes. Il dura deux heures, pendant lesquelles il voulut justifier son action en Tchétchénie, face à la résistance islamique. Si je suis resté très peu convaincu par ses méthodes, force m'est d'avouer que son analyse, qui posait la Russie comme dernier rempart avant un déferlement fondamentaliste sur la partie orientale de l'Europe, m'intéressa, fût-ce pour en critiquer certaines raideurs. Et nous étions en 2000 : l'actualité allait, moins d'une année plus tard, donner à la question une plus grande acuité encore.

J'ai également beaucoup appris de mes rencontres avec les chefs d'État africains. Pour la plupart, ils sont fort différents de ceux de la génération précédente, et la qualité de leur réflexion permet quelque espoir pour l'avenir de leur continent, si dramatiquement éprouvé. Parmi eux, je garde un souvenir tout particulier du président du Sénégal, Abdoulaye Wade, pour des raisons qui ne sont pas toutes politiques. Je l'ai, pour la première fois, rencontré en avril 2000, et il était venu en France avec sa femme, d'une personnalité tout à fait remarquable. Je découvris alors qu'elle était d'origine franc-comtoise, qu'elle avait fait ses études à Besançon mais que leur mariage avait eu lieu à Belfort, en 1963 : à cette époque, ce mariage « mixte » avait dû susciter bon nombre de commentaires – pour certains, on peut le craindre, assez fâcheux. À sa seconde visite, j'ai demandé à Abdoulaye Wade s'il aimerait retourner dans le Territoire, ce qu'il accepta avec plaisir. Ce fut un voyage à la fois détendu et émouvant : nous avons même retrouvé le vieil officier d'état civil qui avait uni, quelques décennies auparavant, et certainement sans bien grandes festivités, la jeune fille blanche obstinée et l'étudiant noir impécunieux, devenu aujourd'hui le président d'une grande nation africaine. Comme on peut le deviner, c'est le genre de pied de nez aux préjugés et aux petites médiocrités que j'apprécie tout particulièrement.

Ces rencontres, mais il y en eut bien d'autres – celles avec Abdelaziz Bouteflika, le président de la République algérienne, ou Alejandro Toledo, celui du Pérou –, m'ont conforté dans ma conviction que la diplomatie parlementaire est un remarquable champ d'action. Certes, elle s'exerce en concertation avec le gouvernement, et les conseillers diplomatiques de la présidence de l'Assemblée sont en contact avec ceux du ministre des Affaires étrangères, mais elle jouit d'une plus grande liberté de parole. Son rôle est de traduire les aspirations des peuples et, si elle ne peut s'exonérer de considérations réalistes, elle demeure moins contrainte, plus ouverte. En revanche, dans ce domaine comme dans celui des grands débats de société, ce m'est un devoir de toujours veiller à ce que les engagements que je prends au nom du Parlement soient conformes à sa volonté générale.

Et puis il y a le quotidien, qui n'est pas une mince affaire. L'Assemblée nationale, ce sont 1 300 agents, 577 députés et leurs 2 000 collaborateurs. Une administration et un personnel d'une qualité exceptionnelle, qui sont le socle de cette maison : eux demeurent, alors que les parlementaires passent.

Car si le président doit, à mon sens, récuser les frilosités injustifiées pour faire progresser l'efficacité au service global de la démocratie, son premier rôle est de ne compromettre en rien la stabilité de l'institution dont il a la responsabilité. Tout en se préoccupant de sa visibilité extérieure. Donc en ayant le souci de « communiquer », selon le maître mot de notre époque. Encore faut-il s'entendre sur ce terme. Si communiquer est simplement se faire voir pour se faire valoir, se faire entendre sans se faire écouter, fabriquer de l'image et du bruit juste pour être « dans le cadre » ou sur la photo, en mettant au second plan le sens et l'utilité de cette communication, cela m'importe assez peu. Cela m'inquiéterait même plutôt. La communication est pour moi, à mon lieu et dans ma fonction, un acte éminemment politique, qui exige de qui en a la charge une tout autre aptitude que celle de produire d'insignifiantes et fugaces notoriétés. Et c'est parce que nous en avions la même conception que j'ai très vite demandé à Marie Lavarini de rejoindre mon équipe pour y assumer cette fonction.

Cela dit, une fonction comme celle de président de l'Assemblée se doit d'être incarnée, de se manifester par une présence réelle qui symbolise celle de la représentation nationale. Ainsi suis-je devenu spécialiste en ouverture et fermeture de colloques, ce qui ne fait pas toujours notablement progresser mes aptitudes intellectuelles : pour être franc, quand « j'ouvre », je ne sais souvent qu'approximativement de quoi on va parler – et quand « je ferme », de quoi on a parlé... Les membres de mon cabinet, eux, le savent parfaitement, et, la plupart du temps, c'est à eux que je dois la subtile référence ou la citation opportune réputée « lancer le débat », ou le clore élégamment – même s'il m'arrive assez souvent de faire le « discours buissonnier » pour musarder dans quelques digressions personnelles. Pour autant, il ne s'agit pas là, à mes yeux, de pures mondanités : je crois à l'importance de l'implication du Parlement dans la vie globale de la cité, qu'il s'agisse de réflexions politiques, philosophiques ou esthétiques, et ma présence s'en veut le témoignage.

Et pour témoigner, il faut sortir, parcourir le pays, ne pas céder à la tentation de rester douillettement niché sous les ors et les cristaux d'un palais de la République, si séducteur soit-il. Car l'hôtel de Lassay, c'est vrai, est un des endroits les plus raffinés qu'on puisse rêver. Mais dans sa sagesse, celui qui l'a conçu y a inscrit une subtile leçon. Lorsqu'on pénètre au rez-de-chaussée, on a l'impression d'une immense enfilade de salons, multipliant, dans des ruissellements de lumières, médaillons et tapisseries. En fait, il n'y a que trois salons, qu'un jeu d'optique réfléchit presque à l'infini. Monde d'illusions pour mettre en garde contre les illusions du monde...

Pourtant, « dehors », le monde n'est guère indulgent aux hommes politiques. J'en ai à nouveau fait récemment l'expérience. J'avais eu une journée éreintante, entre une intervention à L'Isle-sur-la-Sorgue au congrès des Petites Villes et une longue visite en Avignon, où j'avais rencontré des élus, discuté avec des responsables d'associations. On venait de me déposer à l'aéroport d'Avignon et j'attendais comme une bénédiction cette heure où, avec un peu de chance, je pourrais un moment somnoler.

Sauf lorsque mon déplacement exige la présence de collaborateurs, je circule quasiment toujours seul, le plus souvent sans même l'officier de sécurité qui, théoriquement, accompagne toujours un président d'Assemblée nationale. Et, bien sûr, les voitures ne me laissent pas au pied de l'avion, mais dans les halls de départ, où je suis les files, comme tous les passagers. Toutefois, depuis quelque temps, et en raison du renforcement des mesures de sécurité dans les aéroports, on me fait passer le premier le guichet d'accès à l'avion. Ce n'est pas Raymond Forni, mais le président de l'Assemblée qui bénéficie de cette « faveur », qui ne me paraît vraiment pas exorbitante.

J'étais donc assis depuis à peine une minute dans l'avion quand un homme se précipita sur moi et me lança : « Hé, vous ! Je croyais qu'on avait aboli les privilèges ! » À mon plus vif regret, je suis resté sans voix, je n'ai même pas eu le réflexe de le prier de se présenter. Il a tourné les talons et je me suis enfoncé dans mon fauteuil, plus blessé encore qu'indigné. J'étais vanné, et quoi qu'il ait fait de sa journée, j'étais certain d'avoir travaillé au moins autant que lui. Et moi beaucoup plus pour lui que lui pour moi. Qu'est-ce qui justifiait cette agressivité ? Blessé, oui, je l'étais, comme il m'arrive trop souvent de l'être quand j'ai le sentiment d'une injustice, à mon égard ou à celui d'autrui. Plus d'indifférence me rendrait sans doute la vie plus confortable, mais sans doute aurais-je aussi choisi une autre vie...

Je crois vraiment n'être en rien ostentatoire et, si je prends ma fonction très au sérieux, ne pas m'y prendre moi-même. Autant qu'il m'est possible, j'évite de confondre ce qui est lié à la dignité de ma charge, que je place très haut, et ce qui relève de ma personne, infiniment plus modeste. Mais au nom des deux, je m'insurge contre ce mépris dont fait trop souvent l'objet, dans notre pays, une classe politique pourtant dans sa très grande majorité parfaitement honorable. Qu'on y prenne garde : vilipendés par les uns, harcelés par les autres, accablés de stéréotypes, au mieux « tous des profiteurs », au pire « tous des pourris », jamais « ce qu'il faut », superficiels s'ils sont souriants, lugubres s'ils sont sérieux – comme si s'occuper du chômage ou de la fiscalité était une activité qu'on pouvait évoquer avec l'air béat du ravi de la crèche –, les hommes et les femmes qui se consacrent à la chose publique risquent de se lasser. Et surtout, pour les plus jeunes, tourner ailleurs leur énergie et leurs espérances.

Au lendemain du 11 septembre, on a lu dans la presse, entendu sur les antennes, un discours depuis longtemps oublié. Face au désarroi qui s'était emparé de la quasi-totalité du monde, économistes et militaires étaient unanimes : les recours comme les solutions ne pouvaient qu'être politiques. Avec le politique, ses valeurs, ses outils d'analyse, du *sens* réapparaissait, qui n'effaçait pas l'horreur mais permettait de penser un avenir. Et même de penser tout court. Sans lui, c'était l'hébétude, un gouffre d'absurde et de barbarie où l'on risquait de tomber interminablement, comme ces corps du haut des Twins embrasées. Mais il avait fallu, pour qu'on se rende à cette évidence, les milliers de morts du World Trade Center, du Pentagone et de Pennsylvanie.

Si l'on n'oubliera pas cette tragédie, il ne faut pas s'y tromper : viendra un temps où on la « commémorera », ce qui est trop souvent la négation d'une mémoire vive, créatrice d'interrogations et d'exigences pour le futur. Donc de pensée politique. Est-ce, pour cet événement comme pour d'autres, moins visibles mais tout autant des dénis d'humanité, une fatalité ? Je n'y crois pas, je n'y croirai jamais. Ce livre ne dit rien d'autre.

La semaine dernière, mon jeune fils Arthur, onze ans, a entamé sa première campagne en vue de l'élection, au collège, des délégués de classe. Sur l'ordinateur familial, il a fait deux colonnes, l'une intitulée « Axes de campagne », l'autre « Réponses aux objections ». Je les ai aperçues en regardant par-dessus son épaule mais il a boudeusement refusé de m'en dire davantage : c'est sa campagne électorale, pas la mienne. Il paraît que les pronostics du vote sont incertains, mais l'expérience, dit-il, passionnante. Il n'est pas le seul à le penser : ils sont, pour cette compétition, cinq candidats.

Après tout, côté relève, cela ne se présente peut-être pas si mal.

Fontaine, octobre 2001

Composition Euronumérique
92120 Montrouge

Impression réalisée sur CAMERON par
BRODARD ET TAUPIN
La Flèche

pour le compte des Éditions Stock
*27, rue Cassette, Paris VIe*
en janvier 2002

Imprimé en France
Dépôt légal : février 2002
N° d'édition : 18400 – N° d'impression : 11140
ISBN : 2-234-05458-3
54-07-5458-2